近代人文社會科學譯著（第二輯）
熊月之 主編

論理學

［日］大西祝 著
胡茂如 譯

上海科學技術文獻出版社

图书在版编目（CIP）数据

论理学 / 熊月之主编．一上海：上海科学技术文献出版社，2023

（近代人文社会科学译著．第二辑）

ISBN 978-7-5439-8773-9

Ⅰ．①论… Ⅱ．①熊… Ⅲ．①哲学—研究 Ⅳ．①B0

中国国家版本馆 CIP 数据核字 (2023) 第 034866 号

策划编辑：张　树
责任编辑：王　珺
封面设计：徐　利

论 理 学
LUNLIXUE
熊月之　主编
出版发行：上海科学技术文献出版社
地　　址：上海市长乐路 746 号
邮政编码：200040
经　　销：全国新华书店
印　　刷：商务印书馆上海印刷有限公司
开　　本：889mm×1194mm　1/32
印　　张：12.75
版　　次：2023 年 3 月第 1 版　2023 年 3 月第 1 次印刷
书　　号：ISBN 978-7-5439-8773-9
定　　价：128.00 元
http://www.sstlp.com

近代人文社會科學譯著（1807—1919）序言

熊月之

一

人文社會科學，包含人文學科與社會科學兩類。〔一〕

〔一〕人文學科之所以稱『學科』而不稱『科學』，因爲通常所説的科學（science），主要指以物爲研究對象、可以通過實驗進行驗证的自然科學，而人文學科則以人爲研究對象，具有個別、私人、主觀性質，無法驗证。自然科學與人文學科處於比較的兩端，差异較大，而社會科學與自然科學之間，差异較小，且在取向、知識生產模式、研究方法等方面，較爲接近。人文學科與自然科學的區别，也表現在分析和解釋方向：自然科學從多樣性、特殊性、復雜性、偶然性走向統一性、一致性、簡單性和必然性；相反，人文學科則突出獨特性、意外性、復雜性和創造性。它們屬於不同的思維能力，使用不同的概念、不同的語言形式進行表達。自然科學是理性的產物，使用事實、規律、原因等概念，並通過客觀語言溝通信息；人文學科是想象的產物，使用現象與實在、命運與自由意志等概念。所以稱『學科』而不稱『科學』，更爲突出人文學科的特質。參見《簡明不列顛百科全書》（第6卷），北京：中國大百科全書出版社，1986年，第761頁；李醒民《知識的三大部類：自然科學、社會科學和人文學科》，《學術界》2012年第8期。

學科分類在不同歷史時期、不同語境下並不相同，標準、方法也見仁見智。近代以來，學術界逐漸傾向於將人類知識分爲三大部類，即自然科學、社會科學與人文學科。自然科學以自然即客觀的物質世界作爲研究對象，包括數學、物理學、化學、天文學、地學（地理學、地質學、氣象學）與生物學等；社會科學以人類社會作爲研究對象，涵蓋經濟學、政治學、法學、社會學、行政學、教育學、倫理學等；人文學科以人爲研究對象，探尋人的生存及其意義、人的價值及其實現，涉及語言學、文學、歷史學、哲學、藝術等。

本書選輯起止時間爲1807—1919年。

衆所周知，中國近代史的起止時間，亦即中國近代史的研究對象，是從1840—1949年，因爲這百餘年的中國，是相對完整的近代形態，是一個完整的歷史時期。但是，近代西方人文社會科學在中國翻譯、傳播的歷史，與中國近代歷史的進程並不完全同步。

首先，起步更早。1807年，基督教新教傳教士、英國人馬禮遜來到澳門，然後進入廣州，拉開新一輪西學傳播序幕。稍後英國傳教士米憐、德國傳教士郭實臘等，絡繹東來。他們在馬六甲、新加坡、巴達維亞等地，開學校，辦印刷所，在當地華僑中傳播西學。他們所出版的涉及人文社會科學知識的書籍雖然不很多，但這些西學知識，與鴉片戰爭以後傳入中國的西學知識屬於統一整體，也是後者之先聲。

其次，心態轉變也早。近代中國讀書人、思想界對於以歐美爲中心的西方人文社會科學，有個從仰視到平視的轉變過程，其轉折點便是第一次世界大戰。1914—1918年，發生在帝國主義國家之間的世界大戰，有三十多個國家、15億人口卷入，傷亡人員三千萬，經濟損失難計其數。這一殘酷現實，讓中國讀書人、思想界明白，西方科學並不萬能，人類社會的演變，並不總是沿着進步的方向直綫上昇。巴黎和會上西方列强對於中國主權的無視與陵鑠，更讓中國人明白，世界上並不存在什麼平等對待弱者的『公理』。這種世界性的倒退與不公，促使東西方有識之士更加深刻地思考人類的未來，更加理性地思考東西方文化的價值。此後，西方人文社會科學在中國讀書人、思想界那裏，盡管仍然是最爲重要的文化資源之一，但已從至高無上的峰頂跌落下來，成爲與東方文化等量齊觀的一端。

這是本書將下限斷爲1919年的主要原因。

二

在介紹近代西方人文社會科學在中國傳播之前，有必要先回溯一下明末清初那段時間這方面的情况。

明末清初，利瑪竇、艾儒略、南懷仁等耶穌會傳教士編寫、或與徐光啓、李之藻、楊廷筠等人合譯的一批西學書籍，其中有十多部較多涉及人文社會科學內容，如《西國記法》(1595)、《職方外紀》(1623)、《西學凡》(1623)、《靈言蠡勺》(1624)、《西儒耳目資》(1625)、《治平西學》(約1629)、《修身西學》(1630)、《名理探》(1631)、《童幼教育》(1632)、《西方問答》(1637)、《齊家西學》(崇禎年間)、《坤輿全圖》與《坤輿圖説》(1674)、《窮理學》(1683)等，這些書對歐洲的哲學、政治學、經濟學、教育學、文學、歷史學、地理學等方面的知識有所介紹。

比如，傅汎際和李之藻合譯《名理探》，介紹了『愛知學』即哲學的含義。南懷仁編《窮理學》，介紹邏輯學的功用，稱窮理學『爲百學之宗』，爲『訂非之磨勘，試真之礪石，萬藝之司衡，靈界之日光，明悟之眼目，義理之啓鑰，爲諸學之首需者也。』〔一〕高一志著《治平西學》，爲最早漢譯西方政治學著作，分別從王公、群臣、兆民的行爲準則，説明何者爲宜、何者應戒，還介紹了世界上的三種政體形式：『一曰一人且王之政；二曰數人且賢之政；三曰衆人且民之政是也。』〔二〕艾儒略譯《職方外紀》，對歐洲教育制度包括學制、課程設置、考試方式均有所介紹。高一志著《修身西學》，述及西方倫理學知識，包括修身目的、修身憑藉與修身方法，主旨在於指明人類通過修德以確保自身行動的善，從而獲得美好，達到幸福境界。天啓年間出版的《況義》，是《伊索寓言》在中國傳播的第一個譯本。

明末清初西方人文社會科學在中國的傳播，傳播主體是利瑪竇等傳教士，中國學者徐光啓等參與譯述潤色，所傳內容從總體上説，比較零碎，不成系統，所譯編成書籍印數較少，傳播範圍較小，很多內容只是在少量學者中流傳。但是，他們所傳許多知識，開啓了近代西學東漸的先河，如地圓説、五大洲説、腦主記憶説；所創譯的諸多名詞，也被近代沿用，如亞細亞、歐羅巴、大西洋、地中海、自鳴鐘、天主等。他們以『理學』翻譯哲學，一度被近代學者沿用。

〔一〕南懷仁：《進呈窮理學書奏》，徐宗澤：《明清間耶穌會士譯著提要》第 192 頁，中華書局，1989 年。

〔二〕高一志：《治平西學》，載黃興濤、王國榮編《明清之際西學文本》第 2 冊，中華書局，2013 年，第 614 頁。

三

近代西方人文社會科學在中國翻譯、傳播的歷史，可以分爲五個階段，即 1807—1842 年、1843—1860 年、1861—1900 年、1901—1911 年、1912—1919 年。

第一階段，從 1807 年至 1842 年。

17 世紀末 18 世紀初，因宗教禮儀問題，在清朝政府與羅馬教廷之間、中國耶穌會與羅馬教廷之間、耶穌會與其他天主教會之間，出現嚴重分歧。羅馬教廷要求在華天主教徒不得祭祖、不得拜孔。康熙皇帝表示，中國祭祖敬孔，不過是一種崇敬的禮節，並無宗教性質，如果來華西人，不能像利瑪竇那樣對祭祖敬孔持尊重態度，斷不準在中國居留、傳教。雙方交涉多次，不得要領。1717 年（康熙五十六年），康熙皇帝下令禁止天主教在華活動。此後，天主教在華再次步入低谷。雍正、干隆等朝，又相繼頒佈禁止天主教的命令。1773 年（干隆三十八年），因宗教内部紛争，羅馬教廷下令解散耶穌會，兩年後命令傳到中國，耶穌會正式解散。至此，自晚明開始在中國活動二百年的耶穌會，終於告一段落。西學傳播的細流亦因此截斷。

1807 年，英國基督新教傳教士馬禮遜，受倫敦會委派，從英國經美國輾轉來到澳門，進入廣州，以後在廣州、澳門及南洋各地，進行傳教與西學傳播活動。稍後，英國傳教士米憐、楊威廉，美國傳教士粦爲仁、雅裨理、裨治文，德國傳教士郭實臘等，絡繹東來。他們在馬六甲、新加坡、巴達維亞等地，開學校，辦印刷所，出版《聖經》等宗教讀物，也在當地華僑中傳播西學。所出版的涉及人文社會科學方面的書籍有十來種，包括《生意公平聚益法》（1818）、《西游地球聞見略傳》（1819）、《地理便童略傳》（1819）、《東西史記和合》（1829）、《大英國統志》（1834）、《美理哥合省國志略》（1838）、《古今萬國綱鑒》（1838）、《萬國地理全集》（1838）、《制國之用大略》（1839）、《貿易通誌》（1840），所出版刊物《察世俗每月統記傳（1815—1821）》《特選撮要每月紀傳（1823—1826）》《東西洋考每月統記傳（1833—1838）》，都含有豐富的西方經濟學、歷史學、地理學知識。

比如，《生意公平聚益法》，介紹人們相互之間進行貿易應該遵循的基本法則，《地理便童略傳》對世界主要地區與國家均有介紹，對英國、美國政治制度、司法制度介紹較爲具體。《古今萬國綱鑒》，凡244頁，分20册，是鴉片戰爭以前介紹世界歷史知識最爲詳盡的一部書。《貿易通誌》較爲翔實地介紹了西方的商業制度，魏源在《海國圖志》中，對許多國家的貿易、商業的介紹資料採自此書。《大英國統志》《美理哥合省國志略》分别翔實地介紹了英國、美國的國情。

再如，《察世俗每月統記傳》所載《論有羅巴列國》《論亞西亞列國》《論亞非利加列國》《論亞默利加列國》《法蘭西國作變復平略傳》等文，介紹歐洲、亞洲、美洲等地地理、歷史知識，介紹了法國的歷史。還在1821年，便介紹了剛剛立國45年的美國，稱其面積寬大，盛産各物，港口衆多，人口增加很快，且有智有力，預料其日後必爲美洲最大國家。〔一〕《東西洋考每月統記傳》所載《通商》《貿易》《公班衙》等文，

〔一〕《論亞默利加列國》，《察世俗每月統記傳》卷七，道光元年。

介紹西方通商理論，認爲通商貿易對商人、人民、國家都有好處，强調通商貿易要篤實誠信，不可食言行騙。

鴉片戰争以前，中國還没有被英國打敗過，中西關係還比較平等，傳教士在介紹西方情況時，心態還不是那麽傲慢，所以，行文常用對話體，以中國人習慣的説書形式出現。爲了迎合中文讀者心理，作者論述問題，每每先引一段中國古代聖賢的語録或故事，然後進行中西比較，説明東方西方，心同理同。這種表達方式，類似於明末清初耶穌會士，而不同於鴉片戰争以後傳教士那種居高臨下姿態。

第二階段，從 1843 年至 1860 年，即五口通商時期。

在 1840 年至 1842 年的中英鴉片戰争中，清朝政府戰敗，被迫與英、美、法等國簽訂不平等的《南京條約》、《望厦條約》和《黄埔條約》，被迫割讓香港給英國，開放廣州、福州、厦門、寧波、上海作爲通商口岸，允許外國人在這些口岸傳播宗教、開設學堂、開辦醫院。於是，傳教士便將活動基地從南洋遷到中國東南沿海，開始了晚清西學傳播史上的新階段。這一階段，通商口岸成爲傳播基地。此前，傳教士的活動局限於南洋一帶，西學書刊雖亦能傳至中國大陸，其所辦學校中也有華人，但畢竟水路迢迢，對中國内地影響有限。五口通商後，麥都思、雅裨理、慕維廉、艾約瑟等傳教士以這些地方爲基地，辦學校，出書刊，進行各種西學傳播活動，東南沿海遂成中國率先接受西學影響的地區。傳教士所出版《聯邦志略》(1846)、《格物窮理問答》(1851)、《地理全志》(1853)、《大英國志》(1856)、《地球説略》(1856)、《地理略論》(1859)等書籍，《中西通書》(1853—1860，年鑒)、《遐邇貫珍》(1853—1855)、《六合叢談》(1857—

1858）等雜誌，包括豐富的歷史學、地理學、經濟學知識，也有一些哲學、文學知識。

比如，《遐邇貫珍》所載《花旗國政治制度》一文，不但介紹了美國的總統選舉制、立法、司法、行政、聯邦及各州之組織，還將英、美政治制度作了比較，認爲各有利弊。再如，慕維廉譯編的《大英國志》與《地理全志》，都是超過三百多頁的大書，前者翔實地介紹了當時世界上最强大的帝國英國的歷史與現實，後者比較宏觀地介紹了世界地理知識。

這一時段，傳教士忙於在通商五口進行傳教活動，出版宗教讀物繁多，所出人文社會科學書籍較少，十來種而已，但是這些書刊在中國士紳中還是産生了比較廣泛而重要的影響。魏源編《海國圖志》，廣泛徵引了《地球圖説》等西書；徐繼畬撰《瀛寰志略》，直接得益於雅裨理等人的西書資料；王韜、管嗣復參加了一些西書與雜誌的譯編，受到這些知識的深刻影響。王韜日後出版《西學輯存六種》，頗得益於他在墨海書館協助偉烈亞力等人的西學熏陶，管嗣復則將其西學知識轉述給其老師馮桂芬，促成馮桂芬名著《校邠廬抗議》的誕生。《聯邦志略》《地理全志》《地球説略》等書還傳到了日本，並有日譯本行世。

第三階段，1860年至1900年。

1856年至1860年，英國、法國在美國、俄國等支持下，發動了侵略中國的第二次鴉片戰争。中國再次慘敗。侵略者逼迫清朝政府先後簽訂了《天津條約》（1858）、《北京條約》（1860）等一系列不平等條約。通過這些條約，外國侵略者從中國勒索了大筆戰争賠款，取得了一系列侵略特權。其中，與西學傳播密切相關的有：一、增開11個通商口岸，即天津、牛莊、登州、臺南、潮州、瓊州、鎮江、南京、九江、漢口、淡水。後來實際開埠時，牛莊改爲營口，登州改爲煙臺，潮州改爲汕頭。條約規定，外國人可以在這些通商口岸居住、賃房、買屋、租地起造禮拜堂、醫院、墳塋等。二、傳教自由。三、外國人可到中國內地各處遊歷、通商，中國政府應提供方便。四、開放長江。這樣，加上先前割讓的香港，開放的五口，中國被迫對外開放的城市達17個。外國人可以在南起廣州、厦門，中經上海、煙臺，北至天津、營口，東起上海、南京，沿江西上，直到中國內地，這樣廣闊的範圍裏自由活動。其結果，加强了西方列强對中國的政治侵略、經濟掠奪，也便利了他們對中國的文化滲透。

在清政府方面，以咸豐皇帝去世、辛酉政變發生、慈禧太后掌權爲轉折點，中國對外對内政策有了重大調整。總理各國事務衙門的設立，京師同文館、上海廣學會的創辦，以學習西方堅船利砲、聲光化電爲重要内容的洋務運動的開展，江南製造局等機構的設立，中國向歐洲、美洲與日本等地駐外使臣的派出，聖約翰大學等衆多教會學校的創辦，都對西學傳播産生了重要影響。1894年發生的中日甲午戰争，中國再次慘敗，激起變法思潮高漲，維新運動發生，更推動了西學傳播的高漲。

這一階段，譯介西學方面，有兩支力量同時發力，即清政府官辦機構與教會機構，前者以京師同文館、江南製造局翻譯館爲其著者，後者以設在上海的以基督新教傳教士爲主的廣學會最爲突出，天主教耶穌會設立的土山灣印書館也貢獻甚多。

這一階段，所出版的人文社會科學譯著，數量較前大爲增多，約130種，超過以往約三百年所出同類書籍總數。内容也更加厚實系統，有適應瞭解國際形勢與外國情況需要的《萬國公法》(1864)、《歐洲史略》(1886)、《希臘志略》(1886)、《羅馬志略》(1886)、《四裔編年表》(1874)、《萬國史記》(1880)、《法國律例》(1880)、《萬國通鑒》(1882)、《八星之一總論》(1892)、《各國交涉公法論》(1898)、《歐羅巴通史》(1900)等；有介紹外交常識的《星軺指掌》(1876)、《公法便覽》(1877)、《公法會通》(1880)；有介紹西方歷史、哲學、經濟學基礎知識的《佐治芻言》(1885)、《西學略述》(1886)、《辨學啓蒙》(1886)、《富國養民策》(1886)、《地球一百名人傳》(1898)；有適應變法需要、介紹外國變法的書籍《自西徂東》(1884)、《列國變通興盛記》(1894)、《泰西新史攬要》(1895)、《文學興國策》(1896)；有爲變法運動提供理論支撐的《天演論》(1898)、《民約通義》(1898)；有爲教育變革提供學術資源的《西國學校》(1873)、《肄業要覽》(1882)、《七國新學備要》(1888)、《教育學綱要》(1899)；有合哲學與心理學爲一體的《心靈學》(1889)、《治心免病法》(1896)。《格致匯編》刊載傅蘭雅所作的《混沌説》(1877)，概略地叙述了當時中國還不大有人瞭解的生物進化論觀點。廣學會出版的李提摩太翻譯的《百年一覺》(1894)，原爲美國空想社會主義小説，影響極廣。同爲廣學會出版的《大同學》(1899)，第一次向中國人介紹了馬克思及其學説。

第四階段，1901年至1911年。

1898年的戊戌政變，1900年的八國聯軍侵略中國之役，使清朝政府的威信跌到最低點，中國國際、國内形勢均發生巨大變化。一方面，愛國人士、知識分子失望到極點，革命風潮因之而生，留日熱潮驟然而起。另一方面，清政府實行新政，鼓勵工商，廢除科舉，改革學制，繼而宣佈預備立憲。這兩方面都亟需西學（新學）資源。在這兩方面因素的共同作用下，西方人文社會科學在中國的傳播，呈井噴之勢，從内容到方式、從數量到質量都有巨大變化。

此前，西學知識主要由翻譯英、法等西書而來。1900年以後，由日本轉口輸入西學數量急劇增長，日本成爲西學輸入主要來源地。從1900年到1911年，中國通過日文、英文、法文共譯各種西書至少有1599種〔一〕，遠遠超過此前90年中國譯書的總數。從1902年至1904年，共譯西書533種，其中日文書籍達321種，占總數的60%。

在繁多的中譯西書中，人文社會科學比重加大。以1902年到1904年爲例，三年共譯文學、歷史、哲學、經濟、法學、政治學等人文社會科學書籍327種，占譯書總數的61%。同期翻譯自然科學書籍112種，應用科學56種，分别只占譯書總量的21%和11%。〔二〕所占比重從多到少的順序爲人文社會科學→自然科學→應用科學，與之前幾十年的情形正好相反。京師大學堂從1898年到1911年翻譯、出版西學教科書有六十餘部一百多册，其中人文社會科學類占62%。〔三〕這表明當時西學輸入的重心，已從器物技藝等物質文化層面轉到思想、學術等精神文化層面。

〔一〕見拙著：《西學東漸與晚清社會》（修訂本），中國人民大學出版社，2011年，第11頁。

〔二〕以上數據均見拙著：《西學東漸與晚清社會》（修訂本），第11頁。

〔三〕範軍：《歲月書痕》，華中師範大學出版社，2017年，第165頁。

就内容而言，這一階段所譯人文社會科學書籍，舉凡哲學、文學、歷史、經濟、法學、政治學等各學科，都有頗成規模的系統譯作。

哲學方面，概論性譯作就有9部，如井上圓了著、羅伯雅譯《哲學要領》（1902），德國科培爾著、下田次郎述、蔡元培譯《哲學要領》（1903），井上圓了著、王學來譯《哲學原理》（1903）；邏輯學譯作18部，如楊蔭杭譯《名學》（1902），清野勉著、林祖同《論理學達恉》（1902），十時彌著、田吳炤譯《論理學綱要》（1902）、嚴復譯《穆勒名學》（1905），大西祝著，胡茂如譯《論理學》（1906），英國耶方斯著、王國維譯《辨學》（1908），法國孟德福著、李問漁譯《名理學》（1908）。其他哲學著作（含哲學家介紹、各國哲學、哲學史）9部，如蟹江義丸著、範迪吉等譯《西洋哲學史》（1903）、姉崎正治著、範迪吉等譯《宗教哲學》，井上圓了著、蔡元培譯《妖怪學講義録（總論）》（1906）；心理學譯作21部，如元良勇次郎著、王國維譯《心理學》（1902），長尾槙太郎著、蔣維喬譯《心理學》（1906）等；倫理學譯作10部，如元良勇次郎著、麥鼎華譯《倫理學》（1902）、德國泡爾生著、蔡元培譯《倫理學原理》（1909）；教育學46部，如立花銑三郎述、王國維譯《教育學》（1901），能勢榮著、葉瀚譯《泰西教育史》（1901）。清末一度流行哲學救國論，一批學者認爲救國應先救其人，救人應先救其心，救心應先救其學，而救學則應從譯介西方哲學始。因此，舉凡古希臘、羅馬哲學，西方近代哲學，以及重要哲學家生平及其學說，幾乎無一不被譯介。

文學作品翻譯更是繁盛一時，内以小説最多。據研究，從1901—1911年，中國共翻譯域外小説547

部，散文集22部，戲劇1種〔一〕。對英、美、法、俄、德、日、荷蘭、奧地利、瑞士、希臘等國文學作品均有翻譯，内以英、法、日三國最多。英國的莎士比亞、笛福、斯威夫特、哈葛德、柯南道爾、司各特、哈代、拜倫、狄更斯、斯蒂文森等，法國的小仲馬、雨果、大仲馬、朱力士、迦爾威尼，美國的斯土活夫人、布萊特夫人等人作品都有翻譯。譯自英國的，僅林紓就與人合譯哈葛德《迦因小傳》和《鬼山狼俠傳》等20種、柯南道爾《歇洛克奇案開場》等7種、司各特《撒克遜劫後英雄略》等3種、斯蒂文森《新天方夜譚》等。同是柯南道爾作品，就有周桂笙、林紓和魏易、陳家麟、包天笑等人投入翻譯。譯自法國的有，林紓與他人合譯的《巴黎茶花女遺事》《賂史》，薛紹徽譯的《八十日環遊記》，包天笑譯的《鐵世界》，朱樹人譯的《穡者傳》和《冶工軼事》，陳春生譯的《獄中花》，梁啓超等譯的《十五小豪杰》，魯迅翻譯的凡爾納小説《月界旅行》。從1899年到1911年，從日本翻譯過來的小説有55種，其中1907年就翻譯了11部，内有《佳人奇遇》《經國美談》《謀色圖財記》《美人島》《世界一周》等。〔二〕

歷史學方面，比較重要的有102部，其中通史14部，如作新社出版的《萬國歷史》(1902)、支那翻譯會社的《萬國史綱》(1903)、杭州史學齋的《萬國史要》(1903)、上海通社的《世界通史》(1903)、山西

〔一〕鄧集田：《中國現代文學的出版平臺—晚清民國時期文學出版情況統計與分析(1902—1949)》，華東師範大學博士論文，2009年，第502—512頁。

〔二〕汪帥東：《晚清日本文學翻譯研究》，《當代外語教育》，2018年，第2輯。

大學堂譯書院的《邁爾通史》（1905）、江楚編譯官書局的《萬國史略》（1906）。其中英國李思倫白著、蔡爾康等譯編的《萬國通史》，規模最爲宏大，凡30卷，相繼於1900、1904、1905年由廣學會出版。地區史、國別史52部，如東亞譯書會《歐羅巴通史》（1900）、金粟齋《西洋史要》（1901）、商務印書館《亞美利加洲通史》（1902）、文明書局的《泰西通史》（1903）等，還有英、美、德、法、日等國歷史。變政史、維新史、獨立史17部，如作新社的《英國維新史》（1903）、文明書局的《佛國革命戰史》（1903）、商務印書館的《美國獨立戰史》（1911），還有關於意大利、菲律賓、希臘、印度等國獨立或變革史。其他專史5部，如開明書店的《近世海戰史》（1903）、文明書局的《世界女權發達史》。人物傳記14部，包括華盛頓、拿破侖、彼得大帝、俾斯麥等個人傳記，還有世界名人、歐洲政治學家、日本維新志士等合傳。

政治學方面，比較重要的譯編有29部，其中政治學概論性的譯作，有高田早苗講述、嵇鏡譯《國家學原理》（1901），德國伯倫知理原著、梁啓超譯《國家學綱領》（1902），德國那特硜著、馮自由譯的《政治學》（1902）、戢翼翬等譯《那特硜政治學》（1901），市島謙吉著、麥曼蓀譯《政治原論》（1902），美國伯蓋司著、楊廷棟譯《政治學》（1904年以前）；政治學理論譯作有英國斯賓塞著作、楊廷棟譯《原政》（1902），法國盧梭著、楊廷棟譯《路索民約論》（1902），浮田龢民著、出洋學生編輯所譯《帝國主義》（1902），西川光次郎著，周子高譯《社會黨》（1902），馬君武譯《彌勒約翰自由原理》（1903），幸德秋水著、中國達識社譯《社會主義神髓》（1903），村井知至著、侯士綰譯《社會主義》（1903），加藤弘之著、陳尚素譯《人權新説》（1903），福井準造著、趙必振譯《近世社會主義》（1903），英國甄克思著、嚴復譯《社會通詮》（1904）

等。介紹各國政治態勢的有《萬國政治叢考》《最新萬國政鑒》《最新萬國政治制度》《萬國國力比較》《歐美政教紀原》《十九世紀末世界之政治》《美國民政考》等。

經濟學方面，1901年至1911年出版譯作23部。其中，嚴復翻譯的《原富》出版，是西方經濟學經典著作首次完整譯出。1902年，《欽定學堂章程》規定，今後學制三年的高等學堂政科，必須設立『理財學』即經濟學課程，這促進了西方經濟學説引進與傳播。此後，楊廷棟編《理財學教科書》、天野爲之著《理財學綱要》、商務印書館出版的田尻稻次郎著《理財學精義》，均列爲中小學理財學教材。1906年至1908年，政治經濟社等機構出版了《公債論》《租税論》《紙幣論》《貨幣論》《財政學》《計學》《比較財政學》等多種屬於經濟學分支的著作。

法學方面，這一階段譯作特多。從1901年至1911年，共譯法學書籍263種〔一〕，是晚清社會科學中譯書最多的學科。1902年，清廷命沈家本等遴選諳習中西律例司員分任纂輯，延聘東西各國精通法律之博士、律師以備顧問，復調取留學外國卒業生從事翻譯。於是，清政府有計劃地翻譯大量法律書籍。民間譯書機構或出於社會需求，或出於牟利目的，也翻譯了大批法學書籍。從國際公法、國際私法，民法、刑法、民事訴訟法、刑事訴訟法、行政法，應有盡有。不但一般性的介紹法學原理、法學流派、國際法的著作都有介紹，而且各種具體法規法制，如警察學、監獄學，也很豐富。有的同一種著作有多種譯本，

〔一〕田濤、李祝環：《清末翻譯外國法學書籍評述》，《中外法學》，2000年，第3期。

單1903年，《國際私法》就有4種譯本，《國法學》有5種譯本，《法學通論》有6種譯本。1904年至1909年，清政府爲適應法律改革需要，由修定法律館主持審定，翻譯了一大批刑法、民法方面的書籍，包括德國、法國、美國、意大利、日本等國刑法、民法多方面具體法規。1906年以後，中國地方自治聲浪日高，與地方自治相關的自治法規、地方性法規書籍翻譯頗多，諸如《地方自治論》《英國地方政治》《歐洲大陸市政論》《日本府縣制郡制要義》，與地方自治相關的警察書籍翻譯尤多，諸如《最近警察法教科書》《德國警察法》《警察全書》《警察學》《偵探學》。這些書主要自日文譯出，法律也以日本爲多。這一時期引進日本法律最爲全面的一部書籍，即《新譯日本法規大全》，由張元濟、劉崇杰等翻譯，內容相當廣泛，對清末法制改良有着重大影響。

第五階段，1912—1919年。

隨着清廷覆滅，中華民國建立，政治建設、法制建設、公民道德建設等任務提到人們面前，這些方面的譯介著作也隨之增多。與政治建設、法制建設有關的譯作主要有：同是英國莫安仁著、許家惺譯的《英國立憲鑒》(1912)、《英議院權力發達史》(1912)，英國布賴斯著、孟昭常譯《平民政治》(1912)，美國麥萊著、陳其鹿譯的《美國民主政治大綱》(1912)，美國約翰·温澤爾著、楊錦森、張萃農譯的《美法英德四國憲法比較》(1913)，日本田中萃一郎著、畢厚譯《歐美政黨政治》(1913)，美國黎卡克著、梁同譯的《政府論》(1914)、法國路易·普羅爾著、高仲和譯的《政治辨惑論》(1914)，日本齋藤隆夫著、姚大中譯的《比較國會論》(1917)。東方法學會譯編法律要覽叢書多種，由泰東書局出版，包括《民法要覽》《民事訴訟法要覽》《商法要覽》《刑法要覽》等，影響廣泛。

有關公民道德建設的譯作甚多，諸如《國民道德談》（1915）、《道德之研究》（1915）、《品性論》（1916）《泰西改良社會策六章》（1917）、《新道德論》等。其中，英國著名道德學家斯邁爾斯（S. Smiles，1812–1904）多種著作被多次翻譯，包括《勤儉論》（1914）、《克己論》（1915）、《職分論》（1917），葉農生、蔣方震、秦同培等均參與譯事。第一次世界大戰爆發以後，有一批與戰爭有關的譯作問世，如《德意志戰論》《開戰時之德意志》《美國總統威爾遜參戰演説》《革命心理》《國際同盟論》。

這一階段，馬克思主義、無政府主義書籍的譯介也有一些，包括1912年施仁榮翻譯恩格斯的《理想社會主義與實行社會主義》，是馬克思主義經典文本在中國早期傳播較爲完整的譯本，是恩格斯的著作《社會主義從空想到科學的發展》在中國的第一次譯介。1919年凌霜翻譯克羅泡特金的《近世科學與無政府主義》。

這一階段，所譯哲學、史學著作，均遠較清末爲少，但文學翻譯勢頭依然很猛。1912年至1919年，共翻譯域外小説250部，散文集35部，戲劇3部〔一〕，涉及英、法、美、俄、德、日、西班牙、奥地利、瑞士、波蘭、比利時、丹麥等國作家，内以英、法作家所占比例爲高，英、法主要作家被譯作品與清末

〔一〕鄧集田：《中國現代文學的出版平臺—晚清民國時期文學出版情況統計與分析（1902—1949）》，華東師範大學博士論文，2009年，第512—519頁。

有延續性，如英國哈葛德、柯南道爾、狄更斯，法國大仲馬、雨果等，增加較多的是美國作家華特生等人的作品，俄國托爾斯泰等人作品也陸續翻譯進來。

以上五個階段，就對中國社會影響而言，每一階段都不能忽略，各有各的影響。但綜合而言，以清末這一階段的影響，最爲廣泛而深入。數以百計的出版機構，數以千計的中譯日書，數以萬計的留日人員，難計其數的雜誌、報紙，將形形色色的西方新學轉口輸入中國。範圍之廣，數量之多，來勢之猛，是此前歷史階段也是民國初年所不可比擬的。這一階段，正是中國廢科舉、興學校的教育體制轉型期，難計其數的各門各科的新式教科書，大多是這一階段編寫的，藍本多取自日本，多取自這一階段的譯書。各門各科的辭典大量引進、編寫，無形中起着規範語言的作用。

四

近代中國被動卷入全球化浪潮之中，遭遇千古未有之變局。在此以前，中國雖然早已與外族有了關係，但那些外族都是文化較低的民族，縱使他們入主中原，到頭來也終歸爲以儒學爲核心的中國文化所化。在中國接觸的世界裏，中國以老大自居，他國也以老大尊之。但是，到了近代，情況大不一樣。中國面對的英國、美國、法國等，絶非先前的夷狄可比。這些對手，既陌生又强大，突兀而來，猝不及防。中國生産方式、生活方式、價值觀念、審美情趣、教育體系、學術體系、語言詞彙，乃至風俗習慣，無不發生深刻的變化。人文社會科學譯著，既是這一歷史變局的産物與證物，也是這一變局的助推器。

以語言詞彙而言，中國今天所用各類新詞彙，大多形成於近代。人文社會科學方面的新名詞，諸如社會、政黨、民族、階級、主義、範疇、系統、規範、唯物、唯心、主體、客體、法學、法庭、民法、刑法、金融、銀行、生産力、生産關係，都是近代出現的，而且大多是從日本移植而來。日常生活所用諸多新詞彙，也主要形成於近代。比如，以『化』字結尾的複合詞，特殊化、現代化、民族化、大衆化、自動化；以『式』字結尾的複合詞，速成式、問答式、簡易式、西洋式；以『炎』字結尾的病名，關節炎、氣管炎、腦炎、肺炎、胃炎、腸炎；以『性』字結尾的複合詞，可能性、現實性、必然性、偶然性、必要性、習慣性；以『界』字結尾的複合詞，文學界、思想界、藝術界、新聞界、出版界；以『感』字結尾的複合詞，美感、好感、惡感、情感、敏感；以『點』字結尾的複合詞，觀點、要點、焦點、重點、出發點；以『觀』字結尾的複合詞，悲觀、樂觀、人生觀、科學觀、世界觀、宇宙觀；以『論』字結尾的複合詞，一元論、宿命論、無神論、唯物論、唯心論；以『法』字結尾的複合詞，辯證法、歸納法、演繹法、綜合法、分析法。還有以『作用』『問題』『時代』『社會』『主義』『階級』等詞結尾的複合詞，心理作用、精神作用、土地問題、社會問題、舊石器時代、新石器時代、奴隸社會、封建社會、人文主義、社會主義、地主階級、農民階級。如此等等，不一而足。

新名詞如此，學科分類亦如此。以『學』字結尾的學科名，財政學、經濟學、生物學、物理學、心理學、家政學、社會學、冶金學，也都在清末定型。

近代譯介的人文社會科學，不但影響了當時的中國社會，而且業已廣泛融入中華文化傳統當中，幾乎無處不在、無時不在地體現於我們的物質文化、制度文化與觀念文化之中，體現於我們的日常生活當中。倘若不信，你且撇開此類新思想、新觀念、新學術、新詞語，寫一篇文章或者講幾句話試試！

鑒此，我們選編了這套《近代人文社會科學譯著選輯》，選擇不同歷史階段較有影響的譯著，分爲五輯，分類如下：1、人文社會科學總論與政治學；2、哲學、邏輯學、倫理學、心理學、教育學；3、歷史學、地理學、社會學、禮俗；4、法學、經濟學；5、文學、藝術、人物傳記。

鑒於嚴復所譯學術名著、林紓所譯文學著作已有多種刊本行世，本書不再收録。

《近代人文社會科學譯著》第二輯第二册説明

本册收録《論理學》，大西祝著，胡茂如譯，河北譯書社 1906 年出版。

大西祝（1864–1900），生於岡山藩的士族家庭，原姓木全。十五歲時過繼於其叔父，改姓大西。1885 年考入東京大學哲學科。1889 年畢業，在該校作研究生，獲博士學位。從 1891 至 1898 年，在東京專門學校講授邏輯學、倫理學、哲學史等課。1897 年兼任東京高等師範學校講師。1898 年，留學德國，先後在耶拿大學和萊比錫大學就讀和研究。1899 年因病回國，翌年在家鄉岡山逝世。1906 年，大西祝逝世六年後，其《論理學》仍爲早稻田大學邏輯教科書。1914 年，大西祝已逝世十幾年，其書仍在日本使用，可見影響頗大。

胡茂如（1882—1907），字次樸，河北定州（今定縣）人，留日學生，擔任中國留日學生會直隸分會職員長。他研究哲學、邏輯學與政治學。楊度創辦《中國新報》，他積極參與，爲重要撰稿人，有政論《中國今世最宜之政體論》（第 1 年第 3 號、5 號連載）、譯文《代議政體論》（第 1、2 號、5 號）等發表其上。1906 年暑假，他去鎌倉旅遊，見大西氏《論理學》，喜之，日譯數頁，未兩月而畢。〔一〕其友李鳴陽作

〔一〕《倫理學・胡茂如序》，上海泰東書局，1919 年第三版。

序〔一〕。譯本於同年由河北譯書社出版。不幸的是，胡茂如在1907年突然病逝於日本。楊度記載：

定洲(州)胡君次樸茂如，年僅二十六，而其德行、學識、文藝，皆已有過人獨到之處，在餘平生交友中，殆當推爲第一。餘因國勢危迫，舉世無一定之方針，欲對國民，有所陳説，特組織《中國新報》，次樸自認社友，助餘甚力。俄而，次樸病，餘亦病，同養屙於平塚海岸，而次樸病日劇。平時好談哲理，初病尤然，後乃不能談矣。死之前數日，語餘曰：吾今可以實驗靈魂之有無矣。餘曰：人生自墮地哺乳以後，已無往而非補苴罅漏之事。苦軀殼者方言靈魂，若軀殼能自解脱，則靈魂何問有無！次樸點首微笑。於其死也，囑諸鄉友，無爲歸葬之勞。此次樸之達也。〔二〕

《論理學》，分三篇。第一篇形式論理，介紹演繹邏輯。第二篇因明，介紹因明學，並將因明三支作法(宗、因、喻)與三段論法加以對比研究，分析其異同。第三篇歸納法，介紹演繹法與歸納法，對三段論法及因明三支作法加以批評，認爲三段論法與三支作法，『皆不過根據一立言之全稱者，而於其中所已包有者之事，更分拆焉以出之，非本既知以推未知者。』〔三〕意爲結論已包含在大前提中，三段論不能算作從已知推未知，否則就是犯了竊取論點的錯誤。第三章介紹穆勒推論之實質，繼而類推法，培根歸納法，

〔一〕據胡茂如同鄉穀鐘秀三版序稱，此『李序即其自爲而以李名之者』。
〔二〕楊度：《哭亡友胡茂如詩並引》，《中國新報》第7號第179頁。1907年10月。
〔三〕見本書，原頁碼第87頁，新編頁碼第279頁。

因果律。第七章至第十一章介紹穆勒的歸納研究法。書後附《論理學説明圖表》，將三篇所講主要綱目以圖表形式列出。

論理學（Logic），即邏輯學。『邏輯』之譯名，始於嚴復，時在晚清。『邏輯學』之譯名，定於章士釗，行於民國。清代，這一學説有多種稱謂，包括辨學、理學、名學、論理學、名理學等。『論理學』之譯名，創始於日本學者。胡茂如所譯此書，是清末民初中國頗爲流行的邏輯學專書。河北譯書局的隨書廣告稱：『此書爲日本大西博士所著。大西博士爲日本學界山門，已爲人所盡知，故其書最爲當世所推重，刻下早稻田大學所用教科書即系此本。定州胡君茂如以矯健之筆，達其精奧之理，爲此學從來未有之書。試取而讀之，便知非本社之虛譽矣。』據稱，『甫出世，海内爭先睹，再版皆罄。』〔一〕一九一九年，上海泰東書局又印了此書第三版。胡茂如同鄉好友穀鐘秀盛讚胡氏『邃於諸子之學，其文章亦大類諸子。所譯大西祝《論理學》，明而善達原書之意。大西氏精純之學理，藉胡君深雅之筆而益彰。』〔二〕

日本學者所撰邏輯學著作中，這部《論理學》首先將邏輯學與因明學進行比較研究，故被學界視爲『因明與邏輯比較研究先河』。〔三〕

〔一〕《倫理學·穀鐘秀三版序》，上海泰東書局，1919年第三版。

〔二〕《倫理學·穀鐘秀三版序》，上海泰東書局，1919年第三版。

〔三〕董志鐵：《漢傳因明與西方邏輯比較研究的歷史回眸》，鄭堆、光泉主編《因明》，第10輯，甘肅民族出版社，2017年，第76頁。

論理學

〔日〕大西祝 著

胡茂如 譯

日本文學博士大西祝著
定州胡茂如譯

論理學

河北譯書社出版

日本文學博士大西祝著
定州胡茂如譯

論理學

河北譯書社出版

序

於佛說世界萬象胥由心造心胡以能造心之官則思思而有所得更敷布之則爲事事之既行利害得失善惡妄誠岔然以興而世界用成故曰心造也顧心以其思也而造矣而思不能虛懸而無所麗也必有其所思焉是曰物物之識記則爲名且思抑不能僅麗於一物也物以相與而始有以知其然使惟一物則將無物更安所運其思思之行也以物常相有其對待思則特思其相與之際耳而達是相與之際而明之者則言也是故方思之未布而爲事也言實先有以聲之故言既出而利害得失等之紛紛然者已有可倪特淺者不察耳故仲尼曰必也正名乎名不正則言不順而極其弊至於民無所措手足孟子自謂我知言詖辭知其所蔽淫辭知其所陷邪遁之辭知其所離所窮生於其心害於其政生於其政害於其事且曰聖人復起不易吾言矣偉哉所見其於吾學界爲巨子有以也然二子者一極名不正之弊如彼一明知言之效又如

此矣。而名之胡爲而正。言之何恃而順。奚遵。奚由以底於知言。則未嘗說也。且其所謂正名者。必非僅識記之謂。其所謂知言者。必非僅噓諸口而爲聲者之謂。僅卽識記以論名。則於二足無毛者而人之。於角而四足者而牛之。於木石日月乃至凡一切之物。而各以其物之識記焉呼之。是特習慣之成乎俗者耳。設最初之時。而以馬名人。其俗旣成。則今亦將遇馬而人之。更何正不正之可言者邪。世俗之人。無意識之間。搖脣致舌。盪而爲言。是其與㲉音異乎否邪。殆莫之辨。卽知之。抑其效豈能至此。所謂名者。蓋卽其標物之義者。以爲言也。所謂言者。蓋卽構合此名。以覘其相與之際者。以爲言也。審若是。則微特二子也。後乎二子者。數千年間。承學之士。奚啻數千萬人。其於此蓋皆未有所明也。荀卿氏有正名篇。特以其識記也而論之耳。不及義。世或以惠施鄧析之所述。當之。其爲附會頗可笑。若夫釋名之所詁。去之尤遠矣。修辭之法。字句章節之區區。去之愈遠矣。上下數千年間。遂無一正名知言之術。詖淫邪遁之言。橫行天下莫之大關者而學者且以之觀物而治者且以之布政施事而治人學術之所以日晦政教之所以日漓文化滯而國羣乃大有淪胥之勢是豈伊朝夕之故也然則爲救敗扶傾之計則今日者知言之術正名之學其於吾其尤要也邪友人胡次樸氏譯日本大西祝氏所著論理學以示鳴陽受而讀之明而善達原書之意於近今譯界所不數見也攷論理學於西語爲牢輯科東邦學者譯以今名其所究明者則言論之理也言所以達思故或樹斯學定義謂所以究思議之法顧是特所以言之者有自內自外之別耳非有異物也以其學之宏深而所包者極博也西儒至命之曰諸學之學要之言以名而成名與名相與之際言論之理存焉深究其理而以之自證以之察天下之言其所講者正正名順言之法知言之方學而實兼乎術者也自希臘亞理斯多德肇之始基近世得貝根穆勒諸哲家以改良之斯學乃日盛月異而其進也且方駸駸焉而未有已乃今而悟泰西諸族人文之所以日昌爲有其故大西氏於東邦學

界特其秀者是著自亞氏以來之演繹論理與近世新派之歸納法皆有以論述而闡明之且時或特標意匠發西儒所未發又取印度之因明比較參伍以求之天下之論理學蓋畢羅於是得是以爲之基礎而進而極深致遠以窮斯學之奧也乃無不足矣譯而介諸吾學界將非無所補者歟斲堊鼻端者須有其質是又視乎讀者之何如矣

光諸丙午夏六月　　定州　李　鳴　陽　序　於日本東京旅邸

自序

夏間學校既休假，旅游鎌倉，讀大西祝氏所著論理學，喜之，日譯數頁，未兩越月而畢。重閱一遍，於原書之意，尙無不達之處，有之，亦僅。念吾學界於時爲初闢，輸入尤爲當務之急，用付梓，貢之國人。其能有所裨補乎否邪，則所不敢知也。

光緒三十二年六月　定州　胡　茂　如　誌　於日本鎌倉旅邸

凡例

一篇章節次。一仍原書。間有以文字之便。爲移置前後者。僅一二所。

一學術用語。一仍原書。縱有未安。亦無所變更。惟附數語。識譯者之意而已。以新名有作。事頗非易。盍隱忍因用。以示謹愼。

一中東語言。其脈絡組織大異。原書有專釋日本語性質之處。强譯之。不習東語者。仍不能通。通者又可進讀原書。無取譯本。今槪行删去。然亦僅一二處。都不過二三百言。

一中東文字雖同。二邦用法。則各有其習慣。毫釐之差。遂以千里。如或字在中國通常有二訓。一所以疑之。如事或可然云者是。一則不欲明指事物之名而或之者。與有字意略同。如或人或者云云是。東人雖同此意。而用法則有爲中人所不習者。如書中或事物或甲或乙云云。皆解同第二意。而在中文實不數見。直譯之或生誤解。故皆譯其意而易其辭。惟以此故。譯文不免於

贅。或嫌牽强。幸高明者諒之。（三段論法中。用或字時。意義尤關緊要特揭於此）

一原書代號。皆以假名案伊呂波次第用之。今易以元亨利貞甲乙丙丁等字。以便閱者。

一原書於書眉中將重要語揭出。以醒眉目。使閱者易得端緒。今仍之。

一原書分三篇。首形式論理。次因明。次歸納論理。本無上下卷之別。惟卷者特卷之之意。以多少爲分。無關意義。故今別爲上下二卷。取便裝潢。其篇章次第。則仍原書之舊也。

論理學上卷目次

論理學下卷目次

第二篇　因　明

第三篇　歸納法

附錄　論理學說明圖表目錄

目次終

論理學

日本大西祝原著
定州胡茂如譯述

緒言

凡學問者所以開人之智識以袪其妄而卽於眞者也眞妄之界於何而別於判定今有人於此漫然言曰鯨曰魚類是其言者眞乎妄乎無可言者也使更進而卽其所言之物而以一事者謂之曰此物者鯨也若非鯨也魚類也若非魚類也則其言之眞若妄乃可得而言故夫眞妄之界必待人之於一事物而有所立言之後始得而別而是立言卽爲表其所判定而以言宣之者曰草靑曰鳥飛曰此處有机曰家屋燒於火曰鯨非魚類金剛石者炭素物也皆此類也蓋曰草靑則是以之與不靑者相判而定其爲靑曰鳥飛爲以之與不飛者

判定

判而定其爲飛判之自他物而以一事者定之眞妄之別卽於是生耳所謂吾人之知事物者能取是事物者而判定之之謂令有人謂吾知金剛石之爲何必其能以炭素物若可燃性等事者判定之吾知云云始不爲夸誕之言不如是則直無所知也故欲知識之正而確亦須自正確其判定始若夫判定者如何而始爲正確乎將欲證此非直徵之事實則須揭明其所據之理由而是理由者則又須取判定之形以立焉者也其以一判定者爲之理由而據以下他判定者是謂推理令自其宣諸言語者而言之而名之曰推論論理學者卽所以究明推論之所以成立及其法則一言以敝之則究明此推論之理法者也

推論
論理學

本正當之理由以形成推論於一切學問皆爲當務之急勿論治何科之學也旣用推理則不可不循論理學之律令故泰西論理學家有附以諸學之學之名者

諸學之學

形式論理學

因明

歸納論理

本書之旨將於今日以前之論理說中取其最能自成一形而且爲治斯學者之所不可不知者而論述之最初則泰西嚮所通行者之形式論理是也泰西論理學之端淵自希臘而亞理斯多德爲之魁亞洲則惟印度古代所構成者之因明足以當之世界人民之與於斯學者蓋不能求諸印度希臘人之外雖間有之皆導源於二土之人者也而因明所謂論式與形式論理所謂三段論法者最相似而又有所異彼此相參頗爲有益之業故次述因明次乎因明而論述者則爲近世泰西所謂歸納論理蓋自亞理斯多德以來形式論理專從事於演繹而走於其極其反動遂有以爲歸納論理之誘因因明較形式論理爲稍具歸納之趣矣顧其大體仍具形式論理之姿而於歸納其所論則甚粗确亦自有以促歸納派而使之進而本書此說於歸納論理則又專以穆勒約翰之說爲之據以氏之說於輓近泰西論理學界其影響最大也形式論理也因明也穆勒氏所謂歸納法也學者能取是三者而通之於世嚮所通行者之

三

論理說。爲已得其要領。而進乎是而從新研究之準備。亦可謂成於此矣。

（補註一）於緖言中推理及推論二語幷用。實則後者特取前者而自其表諸言詞者視之。以爲之名。非異物也。論理學家或謂論理學所究明者。雖爲判定及推理之性質。而實專自其表諸言語者而視察之。或謂論理學所最置重處。爲判定及推理作用之見於心理者。二說各有所偏重。本書於釋論理學之名。用推論一語。恰如取前說者。無他。以形式論理及因明。其所注意。主在於言語之所表示耳。但此學與知識學。本不能全然相離。而毋寧以之爲根據焉。此則讀者入後說歸納論理時。自可得之。

有謂論理學爲闡明思想之法則者。與本書定義雖相似。然思想云者較推理其所指者爲廣。如此定義。則須以心理學界之論闌入之。實則是學於推理以外之思想作用。雖間及之。亦特以說明推理之所以成立。越此以往。非所及也。

（補註二）緒言中又用推論之法則及理法二語。此其意義。亦無須嚴爲區別。惟欲立推論成立之原理。與本此原理而作推論者之法則之別時。則合而稱之曰理法。較法則云者稍爲易明。

法則有二種。一爲自然者。一爲當行者。自然之法則云者。事物之自然而且必然者。是當行之法則云者。吾人之須遵而行之者。是物理之法則。屬乎前者。國法。文字之律令。道德之規。屬乎後者。人既有形體。則必循重力之法則。此自然者也。爲一國之臣民。若綴文之士。若具道德心者之人。則所謂國法文律道德法者。乃爲其所當守。而欲弗守之。亦未爲不可得而能之事。此當行者也。本書所謂論理之法則。卽屬此後者。彼視推理者爲一種之心理作用而研究之者。其所得爲推論時心理上之自然法則。是心理學家所職之事也。論理學目的則稍異於此。所欲明者。乃欲爲正當推論時吾人之所宜遵由。顧吾人非必遵由之。抑以不遵由此法則而生謬論者。却數數見也。故

五

論理學者學也而實兼術術者卽於人欲爲一事時而示其規律及方法之謂耳。

第一篇　形式論理

第一章　名辭及命題

形式論理學之目的

形式論理學。於英語爲佛𠸄洛輯。formal logic 所以謂之形式者。以不問所思之事者爲如何。而僅規定其思想之見於論理作用者之形式也。其所謂正與否。亦僅於論理之形式爲然。而至論旨之於事實爲眞乎妄乎。則非所論。故論理之形式恰如型範。所思想之事物則如注入此型範者之銅鐵諸金屬。但求其與型範相合而無所扞格牴牾之處。至所以實此型範者銅邪若鐵邪。則形式論理者非所以講求此發見之方者也。今夫事物之爲人所思索論議者多矣。衆矣。物理格致法律道德政治諸如此類。千差萬別。然固皆有一定之論理焉。爲之律令。而立論者須標之而施。勿論事物之爲何。凡其入人思想之中而將卽之而有所論者。則爲定其宜循之規律。俾有所遵守。形式論理學之目的固在玆耳。

於形式論理首宜說明者爲名辭及命題命題云者取一事物而以一事者謂之如云某者某也某者非某凡判定之表諸言詞者是故命題與疑問異今如云金剛石者可燃物乎是非以可燃物云者謂之特疑金剛石之如是而質之耳疑詞也非命題也若云金剛石者可燃物也則爲命題鯨非魚類云者亦然君者舟也臣者水也則二命題之並列者也凡論理學所論究者爲命題不爲疑問以此學宗旨本爲究明推論之性質而推論則皆以命題而成而疑問不能與焉也

凡命題不以單立之言辭而成以單立言辭未嘗主張一事而有所謂也今如云某云草木云鳴鳥云此机上之硯其言皆單立故皆非命題然如云某在草木青鳥鳴此机上之硯不堅則命題矣以其於某有所謂而主張其爲在於草木有所謂而主張其爲青也故命題者必其於一物者有所主張而謂之而凡有所主張則又必以一言文者繫二單立之言辭而合之始得就如云某者某

也某者非某也之也與非也云者是故命題者又也若非也云者等言繫合單立之言辭而成者也其單立言辭之指示事物者曰名辭簡言之則爲物之名如山如草如木如鳥若獸等是聯二若二以上之名辭而合之或附一名辭者以他語亦曰名辭若草木若鳴鳥若此机上之硯等是但鳴之一語實非名辭特以附之於鳥而始成其爲名辭者其此與机上之云者等語亦然皆以附他名而成者也

凡命題分析之皆以三部分而成如云金剛石可燃物也是命題者爲以名辭之金剛石與可燃物與也之三語而成鯨非魚類也云者分析之其部分亦三三部分之中其爲立言之主題者名主語持以謂主語而主張其爲如是者名客語繫主客二語而合之者名繫辭主語多位命題之首於上例則金剛石及鯨主語也可燃物及魚類云者客語也也若非也云者繫辭也以可燃物謂金剛石以魚類謂鯨而表示夫判定其爲如是若非是之意凡此立言皆爲命題

也若非也云者以繫詞名之矣實則繫辭者爲泰論西理學家據西語性質所設之名以之應用諸日本語不能無不便之處『以下著者尚有論日本語與西語之區別者二百餘言但中東語言各異直譯出之非通東語者亦不能解今略之譯者誌』

十

形式論理勿論何等命題皆以上所言之三部分而成故凡命題皆可以某者某也某者非某之式出之言某在則可易其辭爲某在者也而以某爲主語在者爲客語言草木靑則可易其辭爲草木靑者也而以草木爲主語靑者爲客語言鳥鳴則可易其辭曰鳥今現鳴者也而以鳥爲主語現鳴者爲客語他如君舟臣水此机上之硯不堅諸如此類皆可改易其辭使爲今式

研究論理學者之三要物

命題者爲名辭所繫合而成而推論則又以繫合命題而成盖推論云者不外由一命題推焉而移諸彼命題之謂也故名辭也命題也推論也常爲研究論理學者之三要物

定言

命題之三種

於前例某者某也某者非某皆命題之定言者也顧命題者非盡確乎而定言之者立於假設之上者有之列舉諸事物不爲指定而任於其中擇其一者有之如云此罪宜循此法第三條若第五條處分此須於其中選其一而不爲指

定者也如云今日大雨則明日此河當漲此立於假設之上者也前者曰選言命題後者曰假言命題更有與假言命題相似而實非者則如云凉如此須御袷衣者是蓋茲所謂凉乃已實驗其如是而非意設之境其意則爲凉既如此矣故須御袷衣與云如凉須御袷衣者有先事既事之別彼爲假設此則寔一推論也是其區別不可不辨

今先卽定言命題言之此命題者於形式論理實居最主要之位置上所述主語客語及繫辭之區別亦爲此命題而立者也通常言單言命題時皆指此定言者而言若夫某恐爲某云云等命題在形式論理亦視同定言之例以恐爲某云者卽所以謂主語之某而定其爲如是者也要之定言選言假言之區別不外卽命題言語之形而立

名辭之外延與內包

茲更當一言者則命辭之外延及內包是近世論理學家咸謂名辭者其用之之意有二一以指可指數之物一以示其物所具之性質同一人之名辭也有

時用之指各可指數之人有時用之示人之爲何如物各隨用法之異其意以異也其以指可指數之物者曰名辭之外延示物所具之性質者名曰名辭之內包今如人云者自其外延言之則如某如某具形體之個物是也然人云者之爲用固不止此今指机而人之可乎指牛而人之可乎指書器若其他什物而人之可乎將皆不可以人云者自有其一定之意義含靈秉德具特別之形狀諸如此類皆人所內獨有而以別之於他物者一有不具將則不得謂之人而是一定之意義者卽其內包也故內包者所以指物之所具於內而他物不得而混之者外延者所以指物之散布羅列離於他物之外具箇體而自爲存在者而內包與外延則又相反而互爲增減今如云生物動物有脊椎動物哺乳動物人類次第而下則其外延以次而減而內包以次而增更由人類上溯之至於生物則其內包以次而減而外延以次而增生物之範圍其所含可指數之物較動物爲多而植物亦在其中而生物所含內具之德則較動物爲少

生物云者。僅以生活爲其性質耳。動物則更有自爲動作之性質者存也。由是遞推。則有脊椎動物更多。哺乳動物更多。人類最多。故自外延言之。生物最廣。自人類以及鳥獸蟲魚乃至草木。無所不括。而自內包言之。則最狹。舍生活之性質外。無有也。故於此而問人類廣乎生物廣乎。設問者之意。爲指夫外延。則自宜以生物廣云者答之。若言內包。則人間之較生物。固自遙爲廣耳。

名辭之事。以此爲結。次章以下。將進論夫命題焉。

命題分爲三部分之批評

（補註一）於歐洲語言。概以主語客語位命題之兩端。而繫辭者居中。如執兩端而繫之也者。泰西論理家以命題爲由三部分而成。固無足怪。然欲以此分析。應用諸凡所有之命題。在歐洲語已頗有所難。日本語尤難。若支那語則更難矣。卽如上例。鳥鳴云者。分析之。不可不爲鳥今現鳴者也。然此果能得原命題鳥鳴云者之意乎。草青分析之而曰草青者也。意義果毫無所異乎。一切之命題。果皆可使具形式論理所言之形式者。而無扞格不易通

之處乎是於形式論理實一大難問也

命題宜分主語客語二分

故分析命題爲三部分毋寧分之爲二較爲於言語之所表示爲契分爲二云者以立言之主題爲主語而餘盡視爲客語也如曰草青則草爲主語青爲客語鯨者非魚類也則鯨爲主語非魚類也爲客語金剛石者可燃物也則金剛石爲主語可燃物也云者爲客語此机上之硯毀損矣則此机上之硯主語毀損矣客語而者字則可視爲附屬於主語若表示主語者之用而於繫辭之一部分更不復立焉如此或反勝於分部分而三之也顧今則姑從通常之說以分析之

關於名詞

（補註一）玆所謂名辭在西語乃所以名其命題之兩端者必何等語始可位命題之兩端而充主客二語之用乎則論理學家各異其說或謂惟限於名辭或謂形容辭亦可爲命題之客語本書解命題客語既謂與主語同爲指可指數之物則自從前說而以主語客語之位惟名辭得而居之玆之譯

西名之加諸命題之兩端者之語爲名辭也亦以此

固有名詞與普通名詞無區別

(補註三)論理學家有謂固有名辭僅指物之外延而無內包者如云德川家康是特以指歷史中之一人物而德川家康云者初無一定之意義云支那特以示世之有此一國而支那云者亦無一定之意義含乎其中顧支那云者既慣用之以指地球上特定之一國矣其語之本有意義與否且不必論而要之人方言此名時自有其特殊而不可誤者之一意隨之而浮於胸人聞支那云者之一語并其地勢風土人種政體諸事而俱憶及之與聞人云者之一語并其含靈秉德具特別形狀諸事而俱憶及之者無以異也德川家康云者亦然聞其名自含一是歷史上之一人物之意不啻是并其爲德川幕府之建設者之履歷而亦可兼憶及之也是非有一定之意義而何乎或謂是等諸事特偶然附著於此慣用之名辭而其名辭之爲物固自無意義顧曰人曰獸凡普通名辭者其所含一定之意義何一非以其慣用而

附著之者若使慣用而異則人云者不將全然含其他之意義耶或又謂人之爲言具一定之性質自不能以此名辭者加之他物禽獸也而人之不可草木也而人之亦不可而如德川家康云者則不然不獨以稱德川幕府之開祖也以之稱他人亦自無礙不第人已也卽以之名犬以之名牡丹之花亦自無礙然而指此物云者不外於示此物之存在於心界之意義而是意義者自不可不含於所用以指示此物者之語之中勿論所指者何物此則必相附麗而不能離者也使所指之物之爲有形乎爲無形乎抑存在於何處乎或直不存在乎於是數者皆不得而知則是豈特無意義者幷所可指之物亦將無之若使猶有可指之物則自必有意義者存是固無間於名辭之爲普通爲固有而皆不可不然者也然則於論理而爲普通名辭固有名辭之區別謂其一僅有外延其一有外延且有內包其所據之理由又安在耶

（補註）名辭通常別爲八類。一具象。二抽象。三普通。四單獨。五合體。六各個。七積極。八消極。何謂具象名辭。物若事之全具一體者是。何謂抽象名辭。從物若事之中。抽其性質而出之。而加之名者是。如云机則爲具形狀材質等象之一机。具體名辭也。云美則別無個體之物。尸此美之名者。而美之性質。則特具於物體之中。今抽此性質者而出之。特命之以美之名。此則抽象名辭也。火事云者。以其具一事實之體象。亦爲具象名詞。雖卽無形之物如心云者。亦得視爲具象名辭。机之足云者。爲抽机之一部分而離之者矣。然以非性質之名。而自具一机足之體象。此亦具象名辭也。若夫云机之高。則爲抽象矣。云机足之長。則亦爲抽象矣。顧是二者。尚有難區別之處。今如曰色曰香。卽是此類。以之爲一物所具之性質乎。則抽象也。自感覺言之。以之爲一種之物乎。則具象也。名譽云者。視爲或人所具之性質。則抽象。若視爲一有體象之物。亦非必不可通。如此則爲具象。所以視之者異。則其類隨之而異是固無一定之界矣次則普通名辭爲可通用於一種類之物者如云國任擧何國而皆可以國名之者是單獨名辭爲僅可用之一物者如云支那國云當世第一之詩人者是其合若干可指數之物而爲一總體之名爲合體名辭如云第一聯隊乃以指組成此聯隊者之兵士之合體用之於其兵士之一焉不可也卽組成此全體之者之各物以爲言者則爲各個名辭如云此隊中之各兵士者是也積極名辭則以言事物之有消極名辭則以言事物之無如云有情積極也云無情則消極也又有語形似消極而意爲積極者如云不幸此自語形視之消極也而自其意求之則爲有災患若困難之意積極也又名詞之非積極亦非消極者亦復有之若夫於以上所揭八類之外雖可得更多爲之類別然以其無關緊要玆則不詳論之也

第二章　命題之量及質

命題之主語在形式論理通常皆自其外延視之而以其所指者爲可指數之

物如云「鷲者鳥也」釋其意則爲指可指數之鷲而決其爲鳥耳顧指可指數之鷲矣而有時曰凡鷲則悉所有之鷲而盡指之或惟曰有鷲焉則漠不明劃所指之界鷲之爲主語一也而以他詞者附之則別以生焉其附以「凡」而曰凡鷲者是其主語爲已擴充擴充云者舉主語所指之可指數物而悉指之也其附以「有焉」而曰有鷲焉者其主語爲未擴充未擴充云者於可指數之物之中漠然有所指焉顧是種可指數之物者不盡於所指而於所指之外不盡之部分則無所言也但取未擴充主語而以僅指一部分之意解之則於形式論理爲不適其所指者最少亦須爲物之一部分焉此始爲形式論理所習用之解也今如言人有憂者自通常意義求之則所指僅爲一部分之人憂者有人而人有不憂者之意乃隱然見於言外而相爲表裡是誠然矣顧在形式論理則其意特漠言夫人之有憂者耳而人之盡爲憂者與否則非所決言歷來蓋皆作如是解人之有憂者旣可知矣憂者以外之人憂乎抑不憂乎所謂

有人者其人又爲何部分之人乎則付之不議不論之例約言之則曰人有憂者其意蓋祇以確言憂者之有人人之憂者計有幾何不問也故無論其爲盡人憂乎抑僅人之一部分憂乎以人有憂者言之舉無誤蓋立言之意固爲最少亦須有憂者之人存焉故耳凡命題之具擴充主語者是名全稱命題其具未擴充主語者是名特稱命題（曰凡鷟云々者。謂取鷟之主語而以凡字擴充之也可。謂以凡字冠鷟。而爲一主語也。亦可。要之鷟之一語。可爲主語。冠以凡字。以指鷟之全体。亦可爲一主語。）

全稱與特稱

命題之主語有悉一種類之物而盡指之者有最少亦須指物之一部分者此既言之矣而於此外更有指一特定之物者如謂此鷟甚大「此鷟」云者則指一特定之鷟以爲言也其他如云關白秀吉云日本首都東京以固有名詞爲主語者亦屬此類是名單稱命題顧是單稱命題者實宜入之全稱命題之中蓋其主語所指示之範圍明而確非如特稱命題之漠然而無所定而此鷟云者之爲指一特定之鷟其爲無復暖昧之處與言凡鷟者之爲舉鷟而悉指之其無復暖昧正同也故舉凡一切之命題自其主語視之而別爲全稱特稱之

二者雖爲常例若論名稱之當否則毋寧易全稱命題（含單稱名題）而加之以指定命題之名易特稱命題而加之以不指定命題之名較爲適當以前者其主語所指示之範圍有以明白決定之後者反之而無以決定之也今仍全稱特稱等語者以其慣用耳

命題主語之冠以「凡」「有焉」「此」等詞者其意爲全稱乎抑特稱乎則各視其立言之情事如云人等吾等某等諸語同一主語也而以發言之時情事之異有時宜以全稱之意釋之有時則宜以特稱之意釋之至於何際宜以全稱之意解之更於何際宜以特稱之意解之則惟有相其前後之關係以決顧是乃文法若修辭學所論究之事非論理學者之職也今姑舉數例以示全稱特稱之區別如云「人者萬物之靈也」是人云者悉所有之人而指之其爲全稱也顯然「日本帝國議會由貴族衆議兩院成」是單稱也而以單稱之宜入於全稱之中故亦爲全稱「人各有其所好」云云亦全稱也聚觀之人大見感動」

例解

則其爲聚觀之人盡行感動乎抑僅其中多數之人感動乎二者何居殊不明定是則特稱矣「人求長命」云者亦然盡斯世所有之人悉求長命乎抑僅人之多數汲汲求之而更有不求長命者之人存乎二者何居亦不明定是亦爲特稱矣顧此外更有一例焉以全稱解之不可以特稱解之亦不可如謂「拘留者有人僅見釋放」者是釋放者之果屬誰何雖不明定要自有見釋放者之人存且云僅有人焉見釋放要自又有未見釋放者之人存以全稱之意解之固不可也而如爲特稱則須云「拘留者有見釋放者」其意則爲盡見釋放亦未可知要之最少亦須有人焉既見釋放而今又不然曰有人焉僅見釋放其爲未盡釋放則可斷言故以特稱解之亦不可也以此之故在形式論理通常謂此等命題爲合二特稱命題而成者其一爲拘留者有見釋放者」其二爲拘留者有未見釋放者據第一命題而言則盡見釋放亦未可知據第二命題而言則盡未見釋放亦未可知而合彼與此而觀之以求其意則爲一部分

既見釋放而其一部分未見釋放也於此又有當留意者形式論理中所謂「有者」云々（如有鷲者有見釋放者之類）其所指最少亦爲一種類之物之一部分若至其實際所指者雖物中之一焉亦可非必其物之數個若多數也要之特稱命題意本漠然曰有物云云其所指爲物之一焉可或數個若半數乃至其物之全數隨意用之皆可

形式論理學家多以客語所指亦爲可指數之物今姑從之以欲本形式論理學之見地而爲說明此說極明瞭而且適當也今如云「凡鷲者鳥也」客語之鳥爲悉物之以鳥名者而盡指之凡鷲者鳥也云者謂凡鷲皆立於所謂鳥者之範圍以內也「凡鯨非魚類」意謂於生物之屬魚類者之範圍以外而有鯨者存其論法亦同如是特與前語相反以見主語所表示之物爲立於客語所表示者之範圍以外耳是主語所表示之物其在客語所表示者之範圍內者名曰肯定命題在其範圍外者名曰否定命題至此區別所由生不外於一

爲主語所表示之物。包含於客語所表示者之中。一則排除之客語所表示之物之外。故於形式論理。「某者某也。某者非某」是二式者。實可以覆凡一切之命題。特如「花開」則須變其形曰「花開者也。」「雪白」則須變其形曰「雪白者也」。於以見客語所表示者。爲指可指數之物耳。

全稱命題之主語爲已擴充者。特稱命題之主語爲未擴充者。既言之矣。其在客語。則見於否定命題者爲已擴充。見於肯定命題者爲未擴充。何者。否定命題。乃卽客語所指示之全範圍而言。肯定命題。則卽其全範圍之部分而言也。（但部分云者。非僅一部分之意。最少亦須一部分焉。須作如是解。）今如云「人非全智之物」。是其意非謂人之爲物。在全智範圍之中。而特立於其一部分之外。直謂人之爲物。立於全智之物之範圍外耳。此其客語爲已擴充。又如云「歐洲人有非白晳人」。主語所指示之歐洲人。其居歐洲之何部分。雖不明定。要之曰有歐洲人。則是特指之歐洲人者。自必立於白晳人之全範圍以外。而無所復用其疑。此其客語。亦經擴充。然若云「雪白者也」則其意特以謂雪居白物中之一部分而非以雪盡白之範圍雪白矣雪之外更有白者乎抑無白者乎則附之不可知之數此其客語則爲未擴充者矣論理學家於客語頗有不立擴充不擴充之區別者顧既以客語爲指可指數之物而以之與主語同視矣則區分其擴充與否非亶無不當之處卻屬當然之事耳

質與量

命題之爲肯定乎抑否定乎是爲其質命題之爲全稱乎抑特稱乎是爲其量由質而言則命題有肯定否定之別由量而言則命題有全稱特稱之別合質

四種之命題

量二者而言之命題可別爲四種焉如左

一 全稱肯定 主語擴充 客語不擴充 如云凡鶯者鳥也是

二 特稱肯定 主語不擴充 客語不擴充 如云菌有有毒者是

三 全稱否定 主語擴充 客語擴充 如云凡鯨非魚類是

四 特稱否定 主語不擴充 客語擴充 如云米國人有非白皙人者是

右四種命題。各以簡號表之。全稱肯定曰元。特稱肯定曰亨。全稱否定曰利。特稱否定曰貞。取便說明也。「於全稱肯定命題。以凡某者某也表之焉可。以「某皆某也」表之亦可。全稱否定。則以凡某非某表之也可。以「某無一爲某者」表之亦可。

今更以圖解之。而以實線之圓形示主語之範圍。以虛線圓形示客語之範圍。

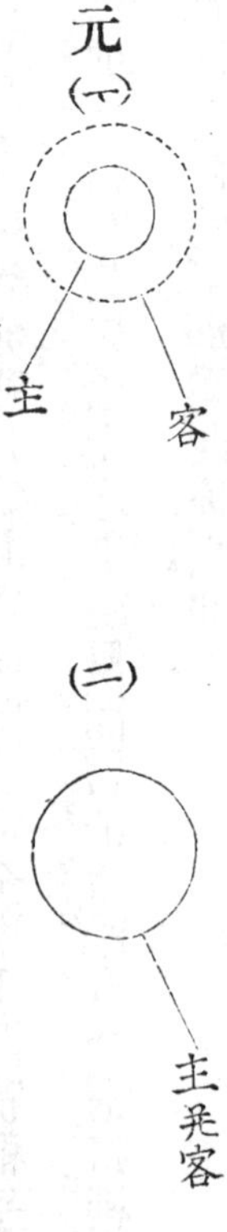

全稱肯定二種

全稱肯定。別爲二種。如右圖所示。一爲客語之範圍。容主語之範圍而綽乎有餘裕者。其一則主語之範圍與客語之範圍適相符合者是也。如云凡鷲者烏也」。烏之範圍。悉所有之鷲而容之。而更有餘地。是屬第一種。如云凡等邊三角形者。等角三角形也。則等邊三角形之外。無等角三角形。等角三角形之外。無等邊三角形。主客範圍。互相契合。是屬第二種。顧舉實例。而即事實以撿尋。

之其屬於第一種乎抑第二種乎誠易知矣而在形式論理中元命題之本旨其於二者之何居則常不判言欲表示其本旨計無便於用記號者今假以甲爲主語之記號乙爲客語之記號則如言「凡甲者乙也」是其爲全稱肯定固無可疑者矣而顧所言者以凡甲者乙也而止而乙之能容甲而更有餘地乎抑無餘而恰合乎則有難定者是則元命題之本意也今若以第二種視之則其客語爲已擴充者允矣然而元命題者非必盡爲第二種其客語所示之物爲亙於其全範圍乎將僅指其一部分乎漫不確定故亦得以第一種視之而以其客語爲未擴充亦無不可也所可斷言者元命題其客語所示者爲盡合於主語之範圍乎抑僅其一部分與爲合乎雖不能明言而最少亦必有相合之處則無可疑是則其所可決定者耳

特稱肯定四種

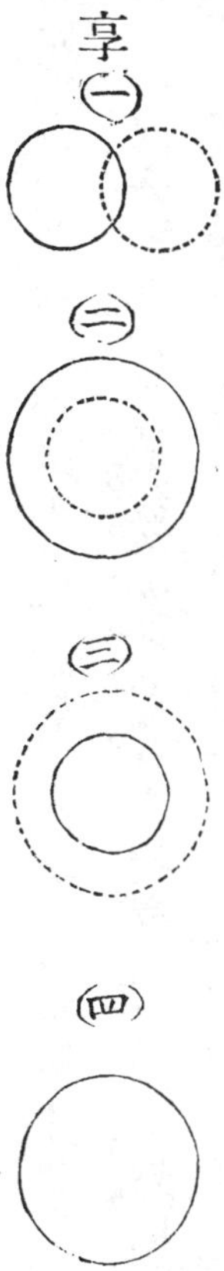

特稱肯定四種

特稱肯定別爲四種如右圖所示其一則如云菌有有毒者主語之一部分與客語之一部分相符合者是蓋菌之外更有毒物毒物之範圍外更有菌者存有非菌而毒者亦有非毒而菌者菌之與毒其相合者僅各於其一部分也其二則如云人有賢者」是主語之人其範圍能容客語之賢人而更有餘地客語之全部分其所合者僅主語之一部分耳若使世宙間物悉行進化則如云生物有進化而來者」乃與第三圖之情事正爲相當以一切生物固皆自進化而來而進化而來之物之範圍則更延亘於生物之外也又使世界之人皆生而善者生而惡者更無一人則謂「人有生而善者」乃正與第四圖之情事相當以苟言人則皆爲生而善者而人類以外更無所謂善人者存焉故也今更以記號表之則如「有甲者乙也」云者是惟所表命題之意義在右四圖所示之中果當其孰一則有不能定者蓋特稱命題固任舉四種中之一而皆可以立言耳。

全稱否定一種

利

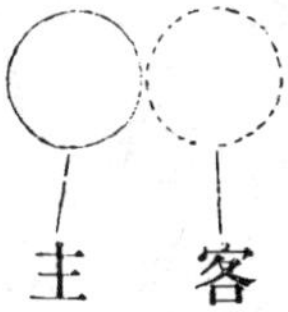

全稱否定僅如右圖所示之一種如云凡鯨非魚類主語之全範圍立於客語之全範圍外者是以記號表之則爲「凡甲者非乙也」

貞

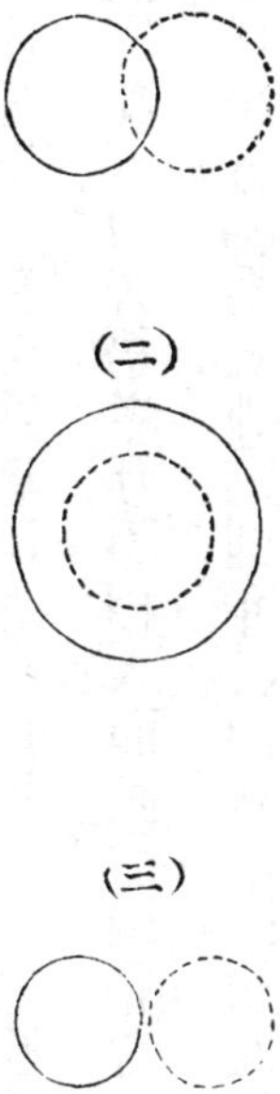

特稱否定三種

特稱否定可別爲三加右圖所示其一則如云「米國人有非白皙人者」是米國人之外更有白皙人白皙人之外更有米國人米國人之與白皙人其相符合者僅各居其一部分耳其二則如云「人有非賢人者」是賢人之外更有人者存而於人以外則無所謂賢人者也若使詩人者果非可以學而能成則如

云詩人有非學而成者與第三圖所示乃正爲符合蓋以詩人之全範圍立於學而能成者之全範圍之外也以記號表之則如云「甲有非乙者」是

主語與客語之關係五種

自以前諸圖所示者觀之主語與客語其一切相互之關係計共有五一爲客語之範圍容納主語而更有餘裕者二則主語之範圍與客語者恰相符合三則主語之範圍僅其一部分與客語者合四則主語之範圍容納客語而有餘裕五則主語之範圍與客語者互不相入而劃然兩界者是也第一與第四相爲表裡第二與第五相爲表裡三則介於四者之間如左圖

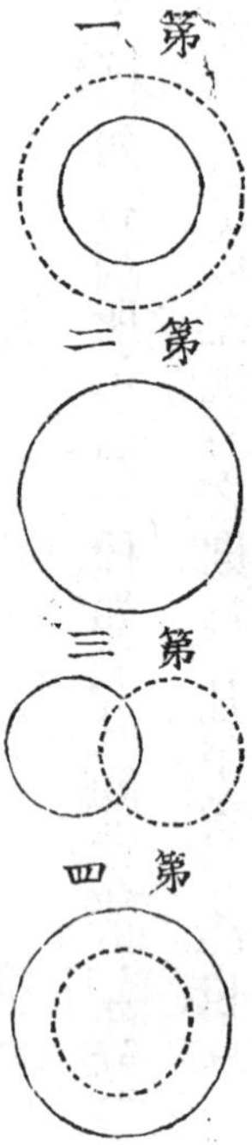

元并左圖之一與二而有之亨則并左圖之三與四與一與二而俱有之利僅有其第五之一者貞則并左圖之三與四與五而有之以是觀之亨在命題之

繫辭之意義

中。爲意義之最不明決者。利爲其最明決者。次乎利者則元。次元者貞。故立言之難。以利爲最。立言之易。以亨爲最也。

（補註）某者某也。某者非某也。其（也）（非也）等繫辭。何意乎。一言以蔽之。則命題之意義如何。此實論理界之一大問題。學者各異其解釋者也。顧異矣。而其以是等繫辭爲具判定之性質。則大致已爲定論。今姑舉其意見之異者之二三以觀之。或謂某者某也云云。（也）之繫辭。乃以示主語所指示者與客語所指示者之爲同物。從此說則如謂「金剛石者可燃物也」。命題之意義。乃以謂金剛石與可燃物有同一者焉。霍布士論客語主語之關係。而以客語所表示者。爲同於以主語爲名者之物。亦取此說者也。或謂命題之意義。在以客語所表示之物。附屬諸主語所表示物。如謂金剛石者可燃物也。乃以謂可燃物者。爲金剛石一性質而附屬之耳。或謂是繫辭者。乃以見命題之兼具若干之性質。今試問金剛石者何物乎。則其爲物。不外於其光彩其堅等諸性質。相結合而成者。然則曰金剛石者可燃物也。卽以謂是物者具光彩與堅諸性質。而更有可燃之性質者。存乎其中耳。或更以謂是繫辭者。乃列舉所謂事物之根本關係。而以表示一命題之與其中之何種關係相當者。若從是說。則主語與客語之關係。又非必其皆爲同一之物矣。

顧自予觀之。在形式論理。其客語與生語之關係不外於包含與排除之二義。蓋通常解形式論理者。類以其命題爲可換位。既可換位矣。則其客語爲自其外延觀之。而解其意爲在於指各可指數之物也。甚明。既指可指數之物矣。則其有擴充與不擴充之可言。亦自甚明。既所指示者爲可指數之物。既有擴充與不擴充之可言。然則解釋其主語客語之關係。爲在於前者之範圍。包含於後者之中與否。亦自至當之舉也。由是言之。則繫辭者乃所以判定此包含排除之意而決之者。命題之意義。亦正在於斯耳（此下更有論也字性質數語。）

顧皆論日本語者・事涉言語學・非通東語者・卽譯出之・亦不能解・今刪之・譯者誌

（補註二）「凡甲者乙也」云者自事實求之則甲與乙之關係或乙之範圍能容納甲而尙有餘或甲乙範圍全然相合而無所出入二者必居其一勢不能於同時而舉此二種關係而備具之也顧撿諸事實是誠可知矣若止卽命題之形式觀之則是甲與乙之關係於二者爲何居乎乃不能定凡甲者乙也云者以此形式施之前後二者俱無不合特據此形式可以知甲與乙之關係於二者之中將必居其一至甲之爲何乙之爲何此等事實則所不問也蓋形式論理所論僅命題之形式其性質固自如此

然使於元命題欲取甲與乙之關係而定其於二者之中果爲何居則將用何等之命題乎是別有法焉如欲言「乙」之範圍能容納「甲」而更有餘地之時則兼用「凡甲者乙也」與「乙有非甲者」之二命題以表示之欲言甲乙範圍全相符合之時則并「凡甲者乙也」「凡乙者甲也」二命題而用之以

表示其意若至於享命題則幷「有甲者乙也」「甲有非乙者」「乙有非甲者」之三命題用之以表示其第一種之關係而其第三第四則與元命題者同利則僅具一種之關係不必論貞命題之三種已具見於享命題與利命題而與之同亦不須更贅也

第三章　命題之對當

命題之對當

有二命題焉其主語同客語同而其質異或量異或質量俱異以是二命題者相對而求其眞妄之關係是曰命題之對當

全稱肯定對全稱否定

今試以全稱肯定與全稱否定相對而求其相互之眞妄則如云「全市街之家屋盡倒於地震」與云「全市街家屋無一倒於地震者」二命題者有同一之主語（全市街家屋）有同一之客語（倒於地震者）且俱係全稱而一爲肯定一爲否定此正元（全稱肯定）與利（全稱否定）之相爲對當者矣今且假定夫元之爲眞乎則利必妄使利而眞乎則元必妄蓋家屋之盡倒與無一倒者二說不能並立此一而眞彼一自不能

全稱肯定對特稱否定

不妄也顧彼一妄矣而遂謂此一之必眞亦復不可家屋之盡倒妄矣家屋之無一倒者不能以此而遽斷其眞以介於盡倒與無一倒者之間而家屋之中有倒者有未倒者是說尙可得而立也要之元之對利爲極端之反對利之對元亦極端之反對二端俱妄而位乎其中者更可以有一眞焉者存是種對當名曰反對之對當其關係則兩不得幷眞而兩可幷妄以此一之眞直可斷言夫彼一之妄而僅據彼一之妄則此一之眞乎妄乎有不能定者也

進乎是而以全稱肯定與特稱否定爲對而觀之則使謂家屋盡倒者之全稱肯定而眞「家屋有不倒者」之特稱否定自不可不妄使特稱否定而眞則全稱肯定自不可不妄此其兩不得俱眞與前反對對當之關係正相同也顧有異者則反對對當兩不得俱眞矣而兩且可俱妄此則兩不得俱眞而亦兩不得俱妄而其中必有一眞者存焉是耳盖使家屋之盡倒而妄則家屋最少亦須有不倒者而持稱否定不得不眞矣使家屋之有不倒者而妄則家屋之盡

倒。自不待言。而全稱肯定不得不眞矣。故元（全稱肯定）之與貞（特稱否定）其相互之關係。不得兩眞。亦不得兩妄。二者之中。必其一者眞而一者妄焉。此之謂矛盾對當也。

全稱否定對特稱肯定

以全稱否定與特稱肯定爲對。其相互之關係。亦復不能兩眞。幷不得兩妄。而必有一眞一妄焉。存與元與貞之對當正同。蓋使云家屋無倒者（利）而眞。則云「家屋有倒者」（亨）不得不妄。使 家屋有倒者（亨）而眞。則云「家屋無倒者」（利）自不得不妄。又使家屋無一倒者（利）而妄。則家屋最少亦須有倒者而亨眞矣。使家屋最少亦有倒者（亨）而妄。則家屋 爲無一倒者。而丙眞矣。故利與貞之對當。不得兩眞。不得兩妄。其爲矛盾對當也。亦自不待言。若以特稱

特稱肯定對特稱否定

肯定與特稱否定爲對而觀之。將見是二命題者。有不得兩妄。而且能兩眞之關係焉。家屋有倒者（亨）與家屋有不倒者（貞）毫無相衝突之處。一部分而倒。一部分自可不倒。二種情事。非不能同時而幷存者也。故彼一與此一無所

全稱肯定對特稱肯定及全稱否定對特稱否定

反對。若必求其反對之處。則惟是二命題者。此一爲妄時而彼一不得俱妄之點。爲相反對焉。蓋謂家屋有倒者（享）而妄則家屋最少亦須有不倒者。如是則貞不得不眞。非亶貞眞而已。利亦得同時而俱眞也。（矛盾對當參照）謂家屋有不倒者（貞）而妄則家屋必有倒者。而享不得不眞。非亶享眞而已。元亦得同時而俱眞也。約而言之。則以此一之妄可斷言夫彼一之眞。而雖知彼一之爲眞此一之眞耶妄耶。則不能遽定。是種對當。名曰下反對之對當。以於對當方形（是方形示於後）中常置之於反對對當（即全稱否定與全稱肯之對當）之下也。

最終更以全稱肯定與特稱肯定爲對。以全稱否定與特稱否定爲對。將見是二種對當者。其斷言之大者而眞。卽以兼小者之眞。小者之妄。卽以兼大者之妄。而據大者之妄。以斷小者之眞妄焉不可。據小者之眞。以斷大者之眞妄焉亦不可。所謂大小者何。對於享則元大而享小。對於貞則利大而貞小也。今假定爲謂家屋悉倒（元）者而眞乎則家屋有倒者（享）之意義自含於元之中。

而亦不得不眞然即使謂家屋盡倒者而妄而謂家屋有倒者則未必妄家屋雖非盡倒而於家屋之爲有倒者固自無礙也又使謂家屋無一到者（利）而眞則家屋有不倒者（貞）亦自含於利之中而不得不眞然即使無一倒者而妄而家屋有不倒者則未必妄以家屋雖非無一倒者而於其爲有不倒者之事實固自無礙也又使謂家屋有倒者（亨）而尙妄況於家屋之盡倒乎其妄自不待言顧使家屋之有倒者而眞而欲持以斷言夫家屋之盡倒與否則爲不可能之事使謂家屋有不倒者（貞）而妄則謂家屋無一倒者（利）其妄固亦自可知顧使家屋之有不倒者而眞而遽持以斷言夫無一倒者之眞妄焉亦屬不可能之事也此之謂大小對當

今更取以上所言諸種對當而以圖示之如左且姑以對當方形名其圖焉

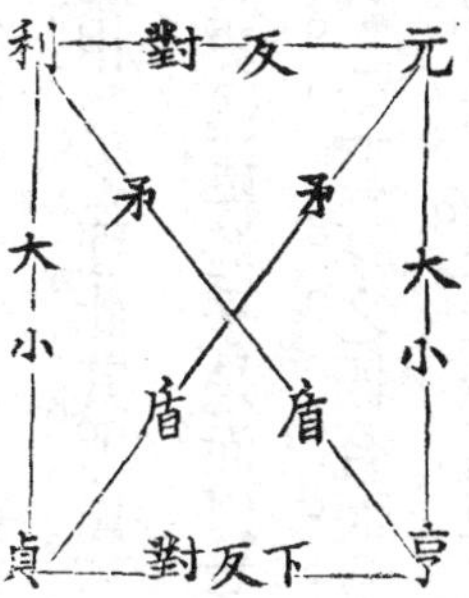

反對對當　兩不得俱眞。兩得俱妄。

矛盾對當　不得兩眞。不得兩妄。

下反對當　兩得俱眞。兩不得俱妄。

大小對當　大之眞。兼小之眞。小之妄。兼大之妄。不能以大之妄若小之眞。斷言夫小之眞妄若大之眞妄。

諸種之對當與五種主客關係之對照

今以以上諸種對當與前章所揭之線圈點圈圖相對照。則命題之對當其相互之眞妄將益明。蓋主語與客語。其相互之關係。都爲五者。凡以一主語一客語所得而立言之事無能出此五者之外者也而於五者之中元有其二利有其一以元與利相對反對對當則元之二與利之一無一同者故任以何一之意義解之而元眞則利無能眞之理利眞則元無能眞之理其不得兩眞以此故也顧合元之二與利之一是爲三僅三者不足盡客主間所有五種之關係而更有二者存焉故元及利三者而外爲猶有可取之位置此其所以兩得俱妄也進乎此而以元與貞相對〔矛盾對照〕則於五者之中元有其二貞有其三合之爲五舉主語客語間所有五者之關係而盡有之而於以外別無可取之位置故元及貞不得兩妄然元之二與貞之三無一相同者任以何一之意義解之元與貞無能相合之理此其所以不能兩眞也進乎而是以利對亨與以元對貞者同不必更述更進乎是而以亨與貞對下反對對當則彼與此有相同之處故得兩眞又貞之三與亨之四合而爲七實舉主語客語間所有五者之關係而盡綱羅之故不得兩妄最後而以元與亨爲對大小對當則亨所具四種關係之中有其

二焉與元之二同。故使元而眞亨所具四者之中必有一眞。是卽亨之爲眞矣。（亨眞云者謂其所具四種關係之中必有一眞非謂其四之同時俱眞也）然使元而妄則亨非必以之而妄。以亨於元之二者而外更有二者存焉故也。又使亨而妄則必其所具四者無一不妄。元所具二者既列於亨所具四者之中。如是則元亦不得不妄。然使亨而眞則元不得以之而亦眞。以於元所具二者以外。亨更具二種之關係焉而可爲其眞之地也。若更以別語者表示元與亨之關係。則元與亨能兩眞亦能兩妄。以其有相同者在。故得兩眞。而元之二與亨之四合而爲六。六者實不足以盡主語客語間所有之五種關係。（利之一是元亨所具六種之關係中所無有者）故得兩妄也。要之元眞則亨亦眞。亨妄則元亦妄。元而眞則眞妄有可言者。亨而眞則眞妄亦有可言者。是元與亨相對之關係也。利之對貞亦與此同。

以上所述者觀之。則欲破元說。以利若貞破之而已足。以元之與利若貞不能兩立也。欲破利說。則以元若亨破之而已足。以利之與元若亨不能兩立也。而

立脚地之難易與智識之大小明否

欲破亨則舍用利之外無他術欲破貞則舍用元之外無他術以此可見元之與利苟有一事例焉與其立言相反者則其說爲不能立亨之與貞但有一事例焉與其立言相合者則其說卽可立故元與利難立而易破亨與貞易立而難破然則彼此辯論之際以元若利爲立脚之地者危以亨若貞爲立脚之地者安又自可知也顧以知識之大小與明不明而言則亨與貞小而不明元與利大而明故唯狡猾辯士苟以求勝者始以亨若貞爲立論之礎而與人爭耳

關於單稱命題之困難

『猶有少須辯明者則前所言之單稱命題是若以單稱命題與全稱者同視則以固有名詞爲主語之命題者以其爲單稱之故自當與全稱同視如此則如「德川家康者奸雄也」與「德川家康者非奸雄」二命題正對當之反對者矣顧是與通常之反對對當異通常反對對當可以兩妄而更容乎中立之言是則不能不能兩眞亦復不能兩妄與矛盾對當實無以異也形式論理欲使命題之類別歸於簡明故別一切命題爲全稱特稱二者而假以單

其他之困難

稱命題與全稱者同論顧猶有當別視之處以此一例可知已

非壹是也卽不以固有名辭爲主語之命題亦有不能容中間之立言者如云「物質可分之至無限」與言「物質不能分之至無限」此亦正對當之反對者而亦不能容中間之立言蓋使物質之性質果平等一如則如物質有可分之至無限有不可分之至無限云々所謂中間之立言萬不能立而凡物體之性質平等而無可指之定形如水金炭素等則皆可爲此種命題之材料者也非壹物質以人若國家等語之非以指夫個個之物者爲命題主語時亦不免有此等之困難如云「人有死」「人不死」亦自不能容中間之立言以是人云者非指可指數之物之語也更如云宇宙有初」「云宇宙無初」二者亦對當之反對者矣而不能容中間之立言亦其一例要之形式論理別一切之命題爲全稱特稱二者而以其所表示者爲盡在於可指數之個物固自不能無此等之困難是不可不知』

命題之對當既論之矣而以名辭相對當亦復有矛盾反對二區別之可言今有二名辭於此同一之物不能於同時而盡居其二者亦不能於同時而於二者一無所居而必居其一焉是爲矛盾語有二名辭於此同一之物不能於同時而并居其二者而能於同時而於二者一無所居是爲反對語冷熱云者反對語也同一之物於同時而冷且熱焉是萬無可能之理顧物可於同時不冷且不熱而立於冷熱二者之間而温焉大小云者亦反對語也以物不能同時大而且小而能立於大小之外而中也若冷與非冷則矛盾語大與不大亦然非冷不大云者實擧冷若大以外一切之物而盡含之而熱與温若大與中亦含於此非冷若不大之中故物不能於同時而非冷非非冷若非大非不大也使心及物以外而果無復存在之品焉則心物云者亦將見其爲矛盾語貧富賢愚等則多用如反對語眞妄善惡等語之宜屬諸矛盾語乎抑否乎則視立言者視界之所被而爲之決若使立言者之視界盡言辭所有之全圍範而及

之則物有眞之不可而妄之亦不可者今但言草是謂之眞焉可乎然不謂之眞而謂之妄焉又可乎二者俱不可也然若云某者某也而以一言者判而定之則其眞妄自有可言者故在言辭之全範圍內眞妄云者爲反對語在判定之範圍內眞妄云者爲矛盾語惟視立言者之視界如何耳善惡云者亦然使吾人視界所被廣及於人類一切之行爲則有非善亦非惡者如此則善惡云者爲反對語使視界所被僅及於倫理界如此則凡行爲無能出於善惡二名之外者善惡云者爲矛盾語同一常住云云使自時間上觀之而以永久之意釋其辭則常住與無常爲矛盾語若以超時間之意釋之則常住云者於時間上可非有限而并可非無限超乎有限無限之外而能特然獨成其一是如此則無常（時間上之有限）與永久（時間上之無限）乃非矛盾語而爲反對語矣惟通常所謂反對語皆以指夫性質之同種者之兩極端如黑白爲色之兩極端冷熱之爲溫度之兩極端是今於時間上之有限與時間上之無限而外而更假定超時間之

所謂常住者焉則時間與超時間非同物同性質者故其語亦非純正之反對此不可不知上所舉之善惡眞妄黑白云云雖可用如反對語而至其非純正之反對亦與此同也形式論理中所最利用者爲矛盾語矛盾語之最確標識爲非及不二字

（補註）取二語者而定其爲矛盾語時其視界所被者當如何如謂白與不白云者爲矛盾語時視界所被將僅及於被色之物邪抑不問夫物之被色與否而及於凡所有之物邪使僅及於被色之物則不白云者舉青黃紫綠等凡白以外之色而盡含之然作如是解則物固有非白且非不白者如發於心者之感情等無色者是如此則白不白云者非矛盾語矣使及於凡所有之物而不問其被色與否邪則不白之中不僅包凡白色以外之物并無色之物亦包舉之如此則不白云者特以指夫物之無白色者而爲單純之消極之意義無色之物其不白固不待言自當入之不白之中也形式論理

不與非之區別

所取者常爲此後義若夫欲示此前後二意義之區別則於視界所被僅及於特定之物時以不字冠之於視界所被廣及於凡所有之物時以非字冠之其庶幾乎如此則言善不善時爲僅及於倫理之範圍而爲矛盾語言善非善時爲廣及於凡所有事之範圍而爲反對語

第四章　命題之換質及換位

命題之換質

命題之換質云者換命題之質而變其形肯定者變之爲否定否定者變之爲肯定者是今如云人皆有情者也此肯定命題也換其質而云人皆非無情者則爲否定矣蓋第一命題以有情爲其客語第二命題以無情爲其客語而有情與無情云者其語相矛盾物或居此則不得更居乎彼居彼則不得更居乎此故人皆有情者也云者自其裡面視之則爲人皆非無情者之意所謂換質者實卽不外取此同一之立言而表裡視之耳

用矛盾語

凡換質命題之主語皆不動唯代其客語以與相爲矛盾之語而變之爲反對

之質焉已足如云「人皆非完全之物」則換其質而曰「人皆不完全之物也」曰「人有智者焉」則換其質而曰「人有非不智者焉」曰「人有愚者」則換其質而曰「人有非不愚者焉」餘可類推今更卽四種命題各舉一例以示之如左

（元）「凡甲乙也」換其質則爲「凡甲非非乙也」

（亨）「甲有爲乙」換其質則爲「甲有非非乙者」

（利）「凡甲非乙」換其質則爲「凡甲皆非乙者也」

下非乙二字作者字之形容辭看

貞　「甲有不爲乙」換其質則爲「甲有爲非乙者」

下非乙二字、亦作者字之形容詞看

用反對語之困難

茲有一疑問焉則當命題換質時僅可用客語之矛盾語乎抑幷其反對語而亦可用乎是也夫既得用矛盾語矣則反對語自非不可得而用如氷冷者也

既可以「氷非不冷者也」換其質矣則以不冷之一部分之熱換言之而曰「氷非熱者也」固自無不可之處而熱則實冷之反對語而非其矛盾語也顧以反對語爲客語者之命題其意與原命題固非相爲表裏（上節論換質處參照）熱之一語不足以蔽冷以外之全範圍熱之對冷亦非若非冷云者之與冷其意適相表裡謂物既冷矣於冷以外（即非冷）之範圍不得同時而並居與謂物既冷矣於冷以外之範圍之部分之熱不得同時而並居其意自大不同而後者則實縮前者之意義而狹之者也又自右所擧之例（氷冷者也）觀之對於命題之客語雖即有其反對語之可用者而僅據命題之形式則是反對語者不可得而發見對於冷而非冷（矛盾語）云者但視命題之形式直可得之而熱（反對語）之一語則不然必取命題所表示之事物（於實際冷者爲何）撿而尋之始可得而知也今試進而更明其意則如氷者甲也云者直無須進求夫甲之爲何但據此命題之形式以言其矛盾語之爲非甲可以立知而得以氷者非非甲也云者換其質而至其反對

之語則如何乎苟非能知夫甲之何物乃無由懸測而施是命題之客語縱有其反對語者存僅據形式亦不可得而發見也況名辭之中有全無反對語者如硯之一語卽然非如熱之對冷大之對小各有相與爲反對者耶故於斯之時設欲用反對語則必至於窮而矛盾語則無不存之處對於硯而有非硯云者爲之矛盾語汝所持者硯也可以汝所持者非非硯也云者換其質然則命題之換質其宜用客語之矛盾語也審矣

命題之換位

命題之換位云者不換其質而惟換其主語與客語之位置者是亦曰轉換惟轉換云者廣用之可爲換質與換位之通稱今所不取也玆特舉換位之例焉如次

元之換位須顚倒其客語與主語而變其全稱爲特稱蓋原命題之客語旣未經擴充今將用之爲主語則命題自不得仍爲全稱也如云「凡鷙者鳥也」全稱也換其位而仍賦以全稱之形而曰「凡鳥者鷙也」是則大誤必變爲特稱

而曰「有鶩者鳥也」始可通耳但謂全稱命題之客語換位而使爲主語時無能仍用全稱之形者是亦不然如云「凡等邊三角形者等角三角形也」換其位而曰「凡等角三角形者等邊三角形也」自三角形之爲物之性質而言決非有謬誤者惟是不能僅據命題之形式而定須并其事物而審量之焉始可若但據形式而言之則全稱肯定之客語既未擴充其所指者自不能盡及其表示之可指數之物如此則換其位而仍與以全稱之形乃必不可者也「凡甲者乙也」換其位須曰「有乙者甲也」是乃換位之定例以是種換位之取全稱立言而縮之使爲特稱也故名曰減量換位焉

換位之規則

凡換位原命題中未擴充之語不可擴充之其已經擴充者變而使歸於不擴充則無不可如右所陳之減量換位原命題之客語既爲未經擴充者以之爲主語時亦不可變而使擴充若其主語則既爲擴充語矣變之而使爲未擴充者亦無不可也是規則不獨於減量換位爲然凡取一命題而換其位時皆宜

守之。全稱肯定。一旦換位而變爲特稱肯定。則不得更換其位。使爲全稱。下論特稱肯定換位處參照。

單稱客語之換位

玆有當一言者。命題之以單稱語爲客語者之換位是。是種命題。其客語之範圍。既已十分判然。將取而換其位時。亦無減量之必要。若云某當今詩人中之第一人也。換位焉。而曰當今詩人之第一人。某也。已足矣。以此可見以單稱爲主語若客語之命題。雖以屬之全稱名題之中。猶多有當別視之之處。幷可見全雖命題之事物。而僅語其形式之難。

當量換位

利之換位以其主語與客語爲俱經擴充者故無須減量如云「凡人者非木石」換其位而曰凡木石者非人足矣於命題之量不須有所變更也此等換位名曰當量換位

享之換位以其客語爲未經擴充者故不可用如全稱「亞細亞人中有亞利安人」換其位須云「亞利亞人中有亞細安人」謂亞利安人者亞細人也不可也此等換位雖取原命題客語賦以特稱之形而於原命題之量則實無所減故亦名之曰當量換位（當量換位。亦曰單純轉換。）

元與利與享或於其命題之量無少變更抑或減其量焉則位直可得而換矣

而貞獨不然云甲有非乙者換其位而云「乙有非甲者」抑云「凡乙者非甲」

俱不可也。夫原命題客語旣爲經擴充者矣。換而置之主語之位而曰「凡乙」若「有乙者」云云固無不可之處。然謂「凡乙者非甲」抑謂「乙有非甲者」則不可。蓋在原命題甲本爲未擴充之語。今曰非甲是取未擴充之語而擴充之有背於換位之規則也。更舉一例以申明之則若云「人有非愚人者」換其位而曰愚人有非人者。抑曰「凡愚人者非人」其爲悖謬尙待言乎。

然則貞之換位又當如何。曰欲換其位須換其質如云米人有非白晳人者。先換其質而曰米人有不白晳者之人焉。（不白晳者四字作一形容詞看）然後換其位而曰不白晳者之人有米人焉。如是始可通也。此種換位名曰換質換位。以代號表示之則如甲有非乙者。換其位而云非甲者有乙焉。

非亶貞也元與利亦得循此換質換位之法如左。

（元）「凡甲者乙也」換質而因換其位則爲「凡非乙者非甲」例如凡鷲者鳥也。換質而因換其位則爲凡非鳥者非鷲。

五十三

（利）「凡甲者非乙」換質而因換其位則爲非乙者有甲焉例如凡人者非木石換質而因換其位則爲非木石者有人焉

但享則不可遵用換質換位之例何以言之以享而換質則爲貞固非可得直接而換其位者若必欲換位則須先換其質如此則又還原而爲享如云花有白者換其質則爲「花有非非白者」而爲貞矣貞不可直接換位換位則須先換其質而曰「花有爲非非白之物者焉」（非非白三字作形容辭看）而爲享然後得以換其位曰非非白之物有花焉自非若是享之位不能換也顧換矣而非非白云者此實不外取夫語之否定夫白者而更否定之而爲白之矛盾語之矛盾語其實與言白者無以異然則言非非白者之物有花焉與言白物者有花焉」者亦自無以異是與取最初之命題之花有白者焉云者而直接焉以換其位其結論正同也以此觀之享之僅可換位而不能遵用夫換質換位之例審矣

取以上所論述者約言之則元享利貞四者皆可換質元利貞更可換位（元減量利

亨當量而亨不可換位。元利亨可換質換位。而貞不可換質換位。更進而約言之。則元利得盡用此三方法。貞亨不然。僅得取其中之二者而用之。

變形法 直接推論

換質及換位等法。要不過取一命題之形而變之。命之曰命題之變形法。亦可。又此等變形法。其由此一命題。可直更作一命題者。論理學家或以直接推論名之。（換質換位。亦特一命題者。於換質之後而始換其位。非更以他命題者。加諸其間。故重換至幾次。仍不失其爲直接推論也。）更有以命題之對當亦屬之直接推論之中者。以是亦特以一命題之眞妄判夫與爲對當者之他命題之眞妄也。顧茲所謂直接推論者。則僅以名夫換位及換質換位而不及其他。從慣用耳。

似而非直接推論之一例

使不守以上所述之規則。而取命題而換其位。抑換質而因以換其位焉。皆爲似而非之直接推論。今試舉一例以申言之。如從凡保守黨者皆熱心於保國家之秩序。直進而言曰。凡非保守黨者皆不熱心於保國家之秩序。是則所謂似而非之推論。而不免陷於謬妄。蓋原命題爲全稱肯定。其主語之範圍適合於客語之範圍乎抑僅與之爲一部分之相合乎則有難斷言者若使主語而僅與客語之一部分爲合則熱心於保國家之秩序者固將更有人焉而不以保守黨者盡其數武斷以言之則不法之論也

（補註）換質者仍以原命題之主語爲主語而無所變更換位則以原命題之客語爲主語焉換質換位則以其客語之矛盾語爲主語焉此等變形法既言之矣而於此外豈遂更無一法焉以其之語矛盾語者爲主語而因以變其形者乎今欲言凡甲者乙也於此而取主語之矛盾語者爲其主語而曰「非甲者有非乙」焉可乎不可乎（但云凡非甲者非乙則不可。以乙之範圍廣於甲。如此立言。則爲似而非之直接推論也。）未見其爲不可也今試取原命題（凡甲者乙也）而換質換位焉則爲「凡非乙者非甲」更取而換質換位焉則爲「非甲之物有是非乙之物者」（非甲非乙云云。俱作形容詞看。）於是而更換其質則爲「非甲者有非乙」此可知以換質及換位之法而用原命題主語之矛盾語者爲主語用其客語者爲客語可得變全

變形法之以主語之矛盾語爲主語者

稱肯定爲特將否定之形矣若求其所以然則參之第二章內所揭之圖解將自可見蓋一命題中其主客二語之範圍適相符合時則凡物之立於主語之範圍外者自不可不立於客語範圍之外執此之故而「非甲者有非乙」之可以立言而不爲不法也更自不待言若使原命題者其客語範圍較主語爲廣而容納之而能有餘地乎則立於甲之範圍外者不得必謂其悉立於乙之範圍之外此固然矣然謂甲之範圍以外之物有立於乙之範圍外者固無不可甲之範圍以外之物之一部分雖在於乙之範圍中其一部分固可立於其外也如云「凡鷲者鳥也」變其形而曰「非鷲之物有非鳥者」有何不可之處若木若石固皆立於鷲之範圍外而幷立於鳥之範圍外者正自無所抵牾耳

更卽全稱否定觀之則如「云凡甲者非乙」換其位則爲「凡乙者非甲」更取而換質換位焉則爲非甲之物有是乙者如此則爲取原命題之全稱否

定之形。而以其主語之矛盾語者爲主語。仍以其客語者爲客語。而變之爲特稱肯定矣。其所以能然者。參之第二章內所揭之圖。亦自易見。今特爲舉一例焉。以申明之。如云凡支那人者非白晳人。於此而以別語表之曰非支那人者盡白晳人。是固不可然。若云「非支那人者有白晳人焉」則自無不可之處。以如英吉利人法蘭西人者。皆非支那人。而皆白晳人也。且是全稱否定者。以其主語之矛盾語者爲主語。以其客語爲客語。不第可變之爲特稱肯定之形也。變爲特稱否定。亦非不可能之事。特僅據上所論述換質及換位之方法。則有難焉者耳。然自主客二語之形成此命題者之關係而言。非遂無可致之理。主語之範圍與客語之範圍。劃然兩界。全不相合。謂物之在主語範圍外者。必盡在客語之範圍外焉。此固不可矣。然其中固有可謂之爲在客語之範圍外者焉。譬如曰凡支那人者非白晳人。變其形而曰「非支那人者之人。有非白晳人者」。則如阿非利加人美洲土人等。固皆在

命題之變形法無僅據換質換位之法以為之理由

此例有何不可通之處耶通常論理學書中論變形法雖無作此說者顧命題之變形法其萬不得已而必不可不據換質及換位之方法以為之者其理由又安在耶若謂此種變形必主客二語範圍之外更有可名之物者存始可得而致使主客二語盡一切可名之物而包舉之則其形不可得而變以如此則物既非甲且同時而並非乙不可言也是固然矣顧是豈亶於此際為然卽以換質若換位之法而變命題之形亦無復不然「凡甲者乙也」變其形而云「非甲者有非乙」此固以正當之方法而用所謂換質及換位之法以致之者矣然使主客二語者盡可名之物而悉包舉之而於客語範外無復一可名之物者存則是之變形者又豈有可以立言之理於彼則不論而於此獨論之將又何說耶

特稱肯定之主語以其不擴充之故欲據換質若換位之法使為否定命題之客語焉乃為不可能之事欲以原命題（即特稱肯定）之主語之矛盾語為主語

亦復無由。然若云甲有是乙者之原命題。變其形而曰「非甲者有非乙」之特稱否定。有何不可通之處耶。以例明之。如欲云米國人有是白晳人者。變其形而曰非米國人者之人。有非白晳人者之人。有何不可邪。使主客二語之範圍。盡可名之物而悉包舉之。而此外更無復可名之物。則變甲有是乙者。而爲非甲者非乙。是固不可通。顧此不獨於此際爲然。在用換質及換位等正當之方法。而變命題之形時。亦然。前既言之矣。於彼則予之。而謂爲無所不可。於此則靳之。而詰其有不能通。是非形式論理學家之一缺點。而何邪。

特稱否定。甲有非乙者　亦不得用換質及換位等方法。而以其主語之矛盾語爲主語。顧自主客二語之關係言之。變其形而曰「非甲者有非乙」。亦非遂無可致之理。準諸特稱肯定等命題而可知。無須複述矣。

第五章　思想之原理

物不能同時而於矛盾語之兩端而盡居之有甲於此使其爲乙不得同時而更爲非乙若其非乙則不得爲乙前論矛盾語之性質既言之矣而是實吾人思想之一大原理從此原理則就同一之物於同一之事既肯定之矣不得且否定之否定之矣不得且肯定之以記號表之則甲既爲乙不得幷爲非乙若爲非乙不得幷爲乙也第四章所述換質之法卽基此原理而成惟有此原理始得取凡甲者乙也」云者之命題換其質而曰「凡甲者非非乙」若使就同一之物於同一之事既肯定之且可否定之則有不能如是以立言者矣反對對當及矛盾對當之關係非本此原理亦不能立凡甲者乙也云者與凡甲者非乙云者胡爲而不得兩眞以物不能同時而以同一之事否定之且肯定之肯定之且否定之也若夫下反對對當之能兩眞則固以同一之事肯定之又否定之矣顧所肯定且否定者爲同一之事而所就之而肯定且否定此事者之物則非同一之物此命題中之有物者（如云家屋有倒者）云云與彼命題中之有物者

（如云家屋有不倒者）云云非必其爲同一之物也所以矛盾對當其一命題中雖曰有物者（如云家屋有不倒者）云云而以其彼一命題中曰凡物者（如云凡家屋者盡倒）而所指者爲已盡此類之可指數之物二命題者乃無可能兩眞之理觀此不益可明乎凡同一之物不得於同時以同一之事否定之且否定之是名思想之矛盾律以肯定否定二者矛盾而不能相容也至思想之所以如是者何故乎則有不可得而知者惟其爲一大原理可斷言耳

矛盾律

矛盾律之辯

或謂有机於此前乎是者美今不美有人焉前乎是者勤勉今放逸怠惰是非物之美而且得不美勤勉而且得不勤勉邪曰是與適所言思想之原理者固毫無相衝突之處方机之美也必不得且不美及其不美則已失其美不得且美人之勤勉與否亦然要之美時之机與不美之時之机全非同物美者一机不美者一机籍曰仍此机其於吾人思想中實則別物非物之能於同時而美且不美也肯定之不得於同時且否定之否定之不得於同時且肯定之同時

云者宜注意焉

物不能同時而於矛盾語之二者而盡居之物并不能於二者之中而一無所居於論矛盾語性質時既陳之此亦思想之一大原理也矛盾律者以言夫物不能以同一之事肯定之同時且否定之今所言者則肯定之乎抑否定之乎二者將必居其一而不容立於其中間焉是之云者名曰排中律而亦爲一原理若夫反對對當之兩不得俱眞兩得俱妄於俱眞俱妄之外而能容中間之立言與今所言之原理則毫無相衝突者盖反對對當所言者乃凡甲者乙也與凡甲者非乙也之間可以容夫「有甲者乙也」「有甲者非乙」之中間立言排中律所言則爲凡甲者（卽所指者之同物）之物之爲乙乎爲非乙乎二者須居其一畢竟彼之所謂容中間與此之所謂排中間者其意之所指各異在彼爲可容「有甲者」云云中間之立言在此則凡甲之爲物不得非乙而於同時且非非乙而容夫第三之立言也就同一物於以同一之事肯定之若否定之之間無

第三者之位置此同一物云者須重注意若使吾人之思想就同一之物而能於以同一之事肯定之若否定之之間更容其他之立言而甲之一物可同時而非乙且非非乙則吾人之思想界其面目將一變而今日吾人者思想之構造將徹底顚覆矣

或謂有甲於此其爲乙乎抑爲非乙乎俱不可知云云是不可以言邪如然是非於同一物而不同一之事肯定之且不以之否定之而何耶不知是坐論點之過耳爲乙乎爲非乙乎俱不可知云者是於甲之一物之爲乙乎爲非乙乎不能下判定之語之意一言以蔽之直自狀其無知識耳如此則命題者且將消歸於無有更有何可言然若使有知識而欲爲判定則甲之爲乙乎抑爲非乙乎二者將必有一決既以甲爲主語乙爲客語而作一命題矣自不可不賦之以肯定若否定之一形也假於此而更爲如是之立言乎曰甲之確爲乙乎確爲非乙乎雖不可知然恐爲乙焉是亦一說然如是則甲之一語雖得視爲

命題之主語而乙云者則不得以命題之客語視之命題既曰「甲者恐爲乙焉」則其客語在形式論理中爲包舉「恐爲乙焉」之全句而非僅乙之一詞若使果以甲爲主語而以恐非乙焉云者爲客語則於恐爲乙焉恐非爲乙焉之外仍無可立言之理如是則仍爲於肯定若否定二者中不能不居其一也更申而明之使以「甲者爲乙乎爲非乙乎俱不可知」云者爲一命題其主語雖仍爲甲而其客語則不得屬之乙命題之意乃以謂「甲者以我之智識不得判斷其爲乙若非乙者也」云爾如是則其客語當爲「以我之智識不得判斷其爲乙若非乙者也」之語然則甲者爲乙乎爲非乙乎俱不可知云者之立言與甲者乙也甲者非乙也云者之立言其客語爲各異而彼之與此非復就同一之物而以同一之事肯定之若否定之也自不待言矣而排中律所謂不容立於肯定否定之中間者則爲以同一事（同一客語）就同一之物（同一主語）而立言又豈得以彼難此乎

自同律

矛盾律及排中律外更有一原理焉則自同律是矛盾律言若爲乙不得并爲非乙自同律則言甲卽爲甲非甲以外之物而甲以外之物皆非甲而惟與甲同矛盾律云同一之物不得於同時以同一之事肯定之且否定之排中律云於同一物以同一事者肯定之乎若否定之乎二者必居其一二律中所謂同一云者卽此自同律之意也一物卽一物非他物一事卽一事非他事故曰同一物同一事惟甲自同於甲故甲若爲乙不得同時并爲非乙使甲而非惟自同於甲則於言甲爲乙時同時并可言甲爲非乙以甲既非僅自同於甲則乙且非乙同時以二事謂之毫無相背戾之處也第三章所言大小對當之關係使無此原理者亦不能立「凡甲者乙也」使是命題而眞則「甲有是乙者」亦不得不眞胡爲而不得不眞乎以有甲者云云含於凡甲之中也然使甲而不同於甲則於此而謂凡甲者乙也於彼而更謂有甲者非乙非遂不可得而言者不亶已也卽更謂凡甲者非乙將亦無不可通之處蓋取一不自相同之甲

而乙之且非乙之與取不相同之丙與丁而乙其一非乙其一少無所異也此外若換質及換位之事蓋亦無不本此自同律之原理而立者。

以上所述矛盾律排中律及自同律爲思想之三大原理論理學家或不揭自同律者列之原理之中以爲既曰甲則甲自爲甲而非非甲更曰甲與甲同是直無意義之贅語又有僅揭矛盾律爲思想之原理者然在形式論理則三律者並舉其常也又有以理體學中之意義附諸自同律等諸原理者然是不屬乎形式論理之領域今不取蓋在形式論理單視爲思想之原理焉足矣。換位等諸論理作用其皆基於此思想之三大原理也由以上所論述學者其自得之乎。

第六章　三段論法其原理與規則

以前諸章所述皆以一命題爲根據而直斷定夫他命題之眞妄若更形成他命題之法也此章所欲言則論法之不由一命題直移於他命題而更於其間

推論

置一命題焉以媒之者所謂三段論法者是也論理學家或名是法爲間接推論以對於命題之換位等諸直接推論以爲言也或於換位等僅視爲命題之變形法而不以推論名之而名今所謂間接推論者爲推論焉

命題與斷案

三段論法者一命題者以他命題爲之媒而更建立夫第三命題者是也前二命題名曰前提其由前提推論而得之第三命題名曰斷案今欲由「金剛石者可燃物也」之一命題而直推論之曰此寶石者可燃物也不可也其間必須有一命題者以媒之（即此寶石者金剛石也）凡金剛石者可燃物也此寶石者金剛石也以此二命題者爲之前提然後得爲之斷案曰此寶石者可燃物也盖彼爲欲知此之理由而須先提出焉者此爲據彼之理由而斷言焉者故名彼曰前提名此曰斷案其例如左

凡金剛石者可燃物也　大前提

此寶石者金剛石也　小前提

故此寶石者可燃物也。　斷案

小語與大語與媒語

合兩前提與斷案三命題者觀之。將見有三語焉。一爲斷案之主語。一爲其客語。一爲通兩前提而具存之語。於右例中。則此寶石（斷案之主語）與可燃物（其客語）與金剛石（通兩前提而共存）三者是也。而前提之中。於語之通二前提而共存者外。其一之中。有語焉爲斷案之主語。（如小前提中此寶石者是）其一之中有語焉爲斷案之客語。（如大前提中可燃物云者是）是斷案之主語者。名曰小語。其客語。名曰大語。以主語之範圍較客語爲小故也。（命題之主語。其範圍雖有較客語不小者。但右所揭之例。乃最通常而且最易解者。故設爲大語小語之名稱。以在右例中。客語可燃物云者。較主語此寶石大。而能容納之而更有餘裕也。）其通兩前提而共存者之語。以其媒合夫斷案命題中大語與小語之故。名之曰媒語。其二前提之有大語者。則名之曰大前提。有小語者。則名之曰小前提。

大前提與小前提

三段論法。爲一命題者。介於他命題而移諸第三命題之法。上既言之矣。更詳言之則三段論法者。以一語之爲二命題所通有者爲之媒。以繫合其他之二語者而更形成夫第三命題之法也。顧於此有當論者。有二語焉。各存於一命題之中而不相繫屬。今以一語焉媒之。卽可繫合焉。此何故。以二命題者爲前提。直可更形成一命題焉。其理又安在邪。是不可不求諸三段論法之原理。

三段論法之原理

凡物之含於一物（一名辭）之範圍內者。亦含於能含該物者之物之範圍內。該物之不爲所含者。該物所含之物亦不爲所含。甲含於乙。乙含於丙。甲亦含於能含此乙者之丙。使丙而不能含乙。則亦不能含乙所函者之甲。此三段論法之原理也。以圖解示之如左。

三種包含的關係

第一圖

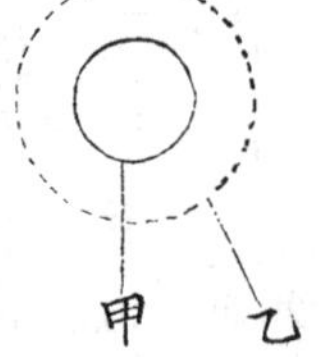

第二圖

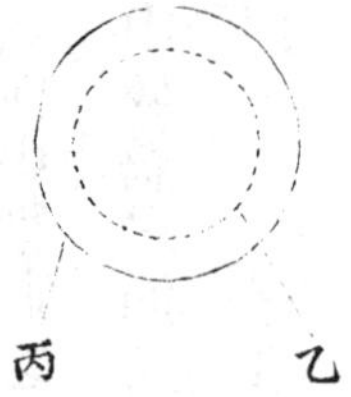

第三圖

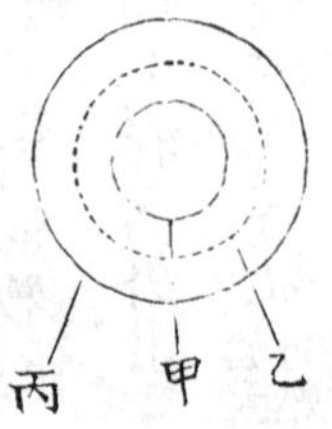

甲含於乙。如第一圖。乙含於丙。如第二圖。甲乙及乙丙之關係旣如是。則甲丙之關係。自不可不如第三圖。此在吾人思想之性質。實有不得不然者。三段論

乙之範圍

法之原理。卽在是也。第五章所言爲思想之普通原理。凡思想之運用。卽凡下判定時必遵從之。此章所言則特爲三段論法之原理。凡爲間接推論時。卽三段論法其思想之運用。必遵從之。右圖所示。爲乙之含於丙者。今更將乙之不含於丙者圖示之如左。

第一圖

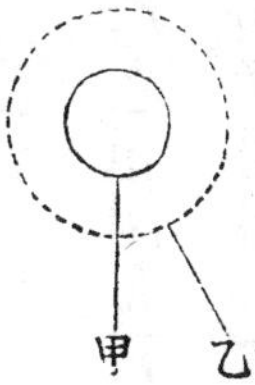

第二圖

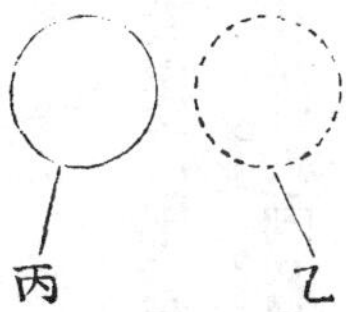

第三圖

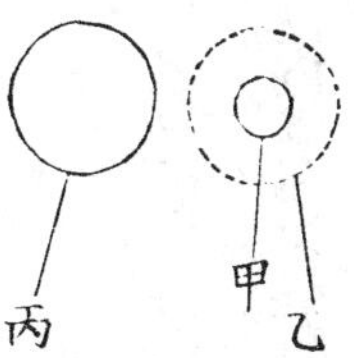

甲含於乙。如第一圖。乙不含於丙。如第二圖。如是則甲自必不爲丙所含。而如第三圖。

今若就乙之範圍而言。自非其全範圍者。悉含於丙。抑悉不爲丙所函。則甲之含於丙乎。抑不含於丙乎。乃不可得而定。使乙之一部分而含於丙。其一部分者否焉。則甲雖含於乙。而其對丙之關係。有不可得而言者。以甲可全立於丙

外或有一部分者入於丙之範圍更或全在丙之範圍內也以圖解示之如左

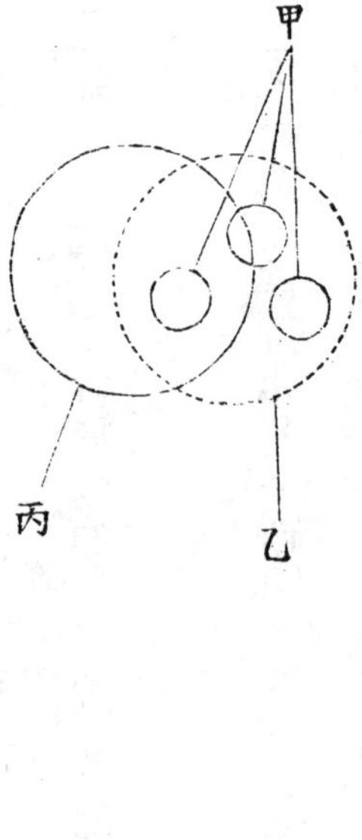

甲之範圍

右圖乃就乙之範圍而言者也若更自甲言之則甲之範圍凡其爲乙所含者得盡含於丙又得盡不含於丙其含於丙若不含於丙者之度程得適如其所含於乙者焉故使甲而盡含於乙則甲得盡含於丙若盡不含於丙使甲而僅其一部分者含於乙則僅其一部分者得盡含於丙若盡不含於丙

乙含於丙云者非必丙之能容乙而有餘地時始可使乙之範圍無少出於丙外者卽爲爲其所含故乙丙範圍雖全相符合可也

以乙爲媒而可定甲與丙之關係者惟甲含於乙乙含於丙若甲含於乙乙不含於丙時始然若甲不含於乙乙含於丙或甲不含於乙且幷不含於丙則甲與丙之關係如何有不能斷定者以圖示之如左

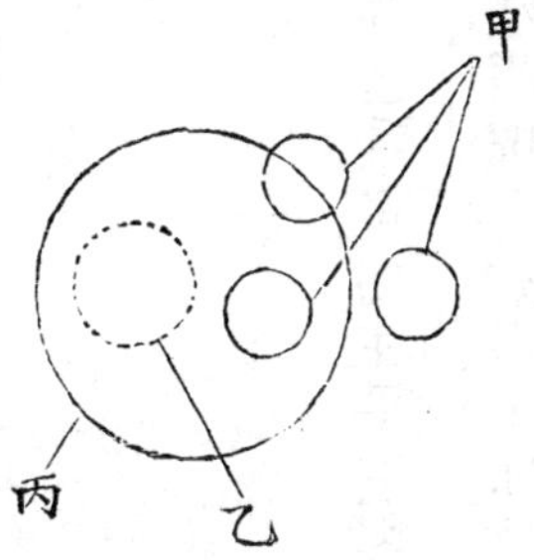

如右圖甲不含於乙乙含於丙則甲對丙之關係或含於丙或不爲所含或有爲所含有不爲所含俱可二者關係不得定言也

如左圖甲不含於乙乙不含於丙則甲對丙之關係或含於丙或不含於丙或有含於丙有不含於丙或不惟不爲丙所含而直含丙俱可其果何屬不得而

定言也。然則甲對乙。乙對丙。其相含之關係。都有四種。四種之中。其可下斷定者僅二焉。則前所揭為三段論法之原理者是耳。

七十四

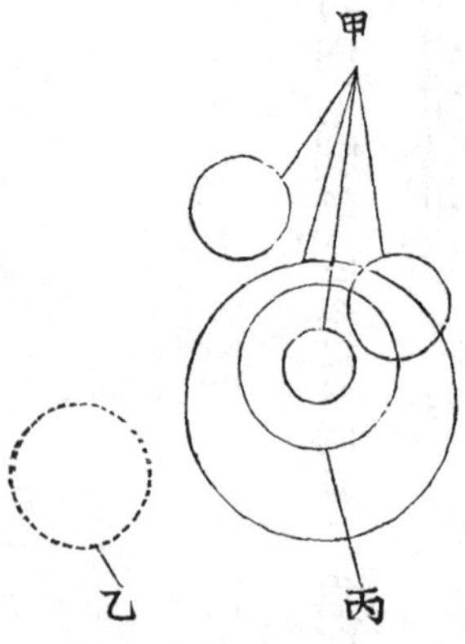

既以命題之意義。為在乎主客二語之包含（即客語包含主語）若排除（客語排除主語）之關係矣。三段論法原理之如以上所述。當然之結果也。

甲含於乙。乙含於丙之例。嚮所揭金剛石之論例。適與之相當。以此寶石云者視如甲。金剛石如乙。可燃物如丙。將自可明其故也。茲特更揭甲含於乙。乙不含於丙之例如左。

凡哺乳獸非冷血動物。

凡鯨者哺乳獸也。

故凡鯨非冷血動物。

鯨視如甲。哺乳獸如乙。冷血動物如丙。

三段論法之五規則

本右所陳之原理。三段論法。所不可不守之規則。可得而立。規則計分爲五。今將以次陳述之。至論理學家所揭規則之數。或非無多少異者。然要其所歸則一也。

第一條

第一條　三段論法須具三語。不可多不可少。須以三命題而成。亦不可多不可少。

前半之說明

今先即此三語之不可多不可少說明之。則三段論法。既係以乙爲媒語。而繫合夫甲丙二語矣。即大語小語　最少亦自不可不爲三語。又其媒語。不可不爲一語。若使媒語而爲二語。若二語以上。反不能介之以繫大語與小語二者。而使之合於大前提繫乙與丙於小前提繫甲與丁則於斷案自無由繫甲與丙正如甲以尺度丙以衡量度之與量乃無由相較以彼此相較須其爲同物也故欲繫合甲丙以作斷案不可不於乙與丁二語之中而僅以其一從事今若云

凡炭素物者可燃物也

此寶石者金剛石也

以是二命題者爲前提乃無可下斷案之處無池以其爲四語故耳若夫於此二前提之間而更揷入一命題焉曰凡金剛石者炭素物也則斷案之此寶石者可燃物也云者非遂不可得如左

凡炭素物者可燃物也

凡金剛石者炭素物也

此寶石者金剛石也

故此寶石者可燃物也

是固然矣然是已非復單一之三段論法乃重二三段論法者以成之設分拆之則將如左焉

凡炭素物者可燃物也
凡金剛石者炭素物也
故凡金剛石者可燃物也

凡金剛石者可燃物也
此寶石者金剛石也
故此寶石者可燃物也

由是觀之則將下「此寶石者可燃物也」云者之斷案非亶知此寶石之爲金剛石而已足更須知「凡金剛石之爲可燃物焉」而如是則實爲更搆一三段論法要之三段論法之不可多於三語幷不可少於三語自不可越之規則其驟觀之似能多於三語者則實重二三段論法而成者也

然茲有一難例焉。如左。

德意志較荷蘭廣。

俄羅斯較德意志廣。

故俄羅斯較荷蘭廣。

右所舉論例。其論斷之正當無間。然顧其成也。則實以四語。第二前提之客語。從形式論理之規則。當與第一前提之主語同矣。而今不然。故此論例爲合俄羅斯與（小語）較荷蘭廣者（大語）與德意志與較德意志廣者之四語而成。第一前提之客語與第二前提之主語。雖如爲媒語之用者。而實非同一之物也。然則形式論理。雖有三語以上之語。固自無礙。媒語固可不爲同一之語乎。非也。形式論理。固不可作如是觀。且即右所舉之論例。設欲使與形式論理所說者相副。而改爲不多於三語之三段論法。亦非不可能之事也。今改之如左。

凡較較廣於荷蘭之德意志廣者。較荷蘭廣。

俄羅斯較較廣荷蘭之德意志廣。
故俄羅斯較荷蘭廣。

如此則爲不多於三語之三段論法矣。俄羅斯與荷蘭之廣狹。雖不直接比較之。然得知俄之廣於荷蘭者。以德意志較荷蘭廣。而較德意志廣者。自必廣於荷蘭。右論法中。其大前提。正所以表示此關係者也。以此可見雖具四語之論例。亦非不能移使入於通常三段論法之形式者矣。

更卽三段論法之所以必以三命題而成。而不可少且不可多者說明之。則三段論法。既介於一媒語以繫合夫大語與小語者。而形成斷案矣。自不可不先取其大小二語。使各與媒語者相繫合。以觀其相互之關係。不然。雖有媒語者介乎其間。亦無以知大語與小語之關係而形成一斷案也。故繫媒語與大語而合之者。須有一命題。繫小語與媒語而合之者。須有一命題。而最後則繫大語與小語而合之者。卽斷案更須一命題。故最少亦須具此三命題。三段論法始

後半之說明

得而成然固不可多於三何者以一媒語爲介將以觀大語與小語之關係一則先求其媒語與大語之關係次則先求夫媒語與小語之關係得此已足此外則別無其術故一斷案之前提不能多於二幷斷案之一爲三故三段論法其命題不得多於三也其偶有疑於較三命題多焉者則已非單一之三段論法而爲重二若二以上之三段論法者而連結之耳

第二條

第二條　凡媒語其在二前提中最少須有一次經擴充

將以一語者爲媒以觀大小二語之關係則必是媒語者與大語有關係焉幷與小語有關係焉始可故大小二前提中皆不可無媒語者存也而其語在二前提中雖不皆經擴充最少亦須有一次擴充焉云者蓋使媒語而在二前提中皆爲不擴充之語則此前提中媒語所指之範圍與彼前提中者所指未必即同使所指者而異是直與有二媒語者無以異而媒語而二則直與無媒語者同此據前第一條之規則而可知者也故如云「菌有是毒物者凡松蕈者

菌也。故凡松蕈者毒物也。則爲不可通。以菌之一語。於二前提中俱爲不擴充之語。大前提中毒物也云者之菌。與小前提中松蕈者菌也云者之菌。所指者非必爲同一之物。使其物而非同一者。則大前提之主語。與小前提之客語。相其文字雖同曰菌。而以其物之實異。則不能充媒語之職。菌之有是毒物者。雖可知。凡松蕈之爲菌。雖可知。而松蕈與毒物之關係。則不能確言。以其關係可爲三種。而於三種之中。居其何一。有不可得而知者耳。以圖示之如左。

第一圖

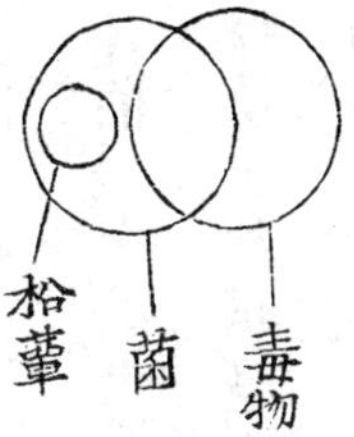

第二圖

第三圖

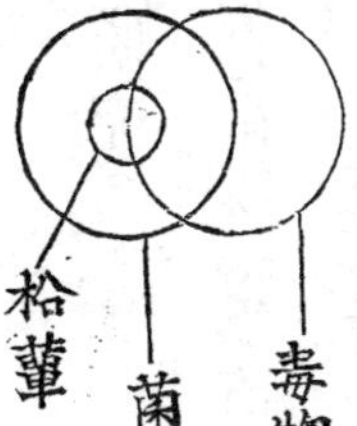

菌之範圍。與毒物之範圍。有相合之處。而松蕈之範圍。又全在菌之範圍之中。然而松蕈與毒物之關係。則可三焉。一則松蕈全在毒物之外。如第一圖。次則松蕈全在毒物之中。如第二圖。次則其一部分在毒物之範圍外。而一部分在其中。如第三圖。於三者之中。居其何一。不能臆定。故松蕈與毒物之關係。自不能爲之斷言也。

第三條　凡前提中之不擴充語。於斷案亦不可使之擴充

當命題之換位也。凡原命題中之不擴充語。不可擴充之。是既揭爲直接推論之一規則而詳言之矣。於間接推論亦然。凡前提中之不擴充語。皆不可於斷案時使之擴充。蓋一語於此。其所表示之物之全體。苟非其盡與媒語者有相互之關係。則媒語者不足以繫此一語所表示之物之全體與他語所表示者而合之。任以何語者爲之媒。對與其自身毫無關係者之物。亦不能盡媒介之職也。今以圖示之。

第三條

第一圖

第二圖

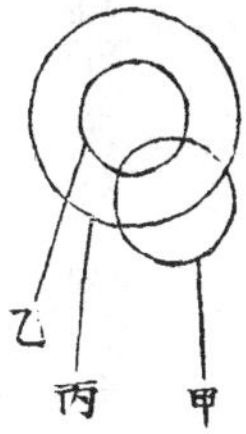

右圖中甲與丙爲大小二語乙爲媒語甲之全體其對於乙之關係設於前提中非有以瞭知之則於斷案時甲之全體之對於丙之關係亦自不得斷言雖於乙丙二者之間其關係如何有以明知之無當也盖乙之盡含於丙之內雖得而知而以甲之有含於乙或有不含於乙者遂直推論夫甲之爲盡含於丙內抑無一焉含於丙內固不可耳

更申明之則凡乙者丙也雖得而深知之然使於甲之盡爲乙與否不能深知而僅知夫甲之爲物之有爲乙者則甲之對丙其全體得盡在於丙內如右第一圖又得僅其一部分者在於丙內而一部分者則在其外如第二圖二者何居無由臆測以確定之也夫僅知甲之有爲乙者而不能知甲之盡爲乙與否

既如是矣。若夫僅知夫甲之有非乙者時，甲對丙之關係，其亦爲不可得而言也。固可推而知耳。

以上所述，乃即乙之盡含於丙時而言也。更即乙之盡不含於丙時觀之，將見僅據甲之有爲乙者，若有不爲乙者，而甲之全體，其對丙之關係，亦復不可得而定。如次圖。

第一圖

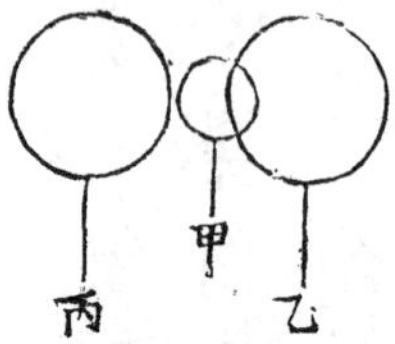

第二圖

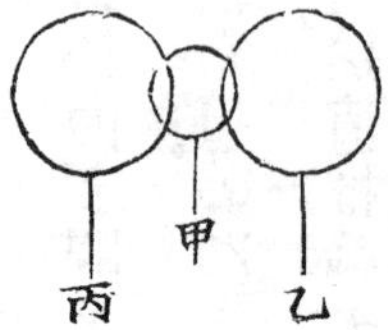

若使於乙與丙二者之間，前者之盡爲後者所含，抑盡不爲後者所含，不能周知，而僅知夫前者之一部分對於後者有爲所含，或不爲所含之關係，則甲之之全體，對於丙，其關係如何，將有益不能決定者矣。

右所言者爲甲之全體其對乙之關係設於前提中不能周知則雖於乙丙二者之間其關係爲如何能確知之而當斷案時是甲對丙之關係者仍不能確定若夫丙之全體其對乙之關係自非於前提之中有以豫知之則雖能知夫乙與甲二者之間其關係爲如何而當斷案時是丙對甲之關係者亦爲不能確定亦自不待言要之斷案中之甲若丙之全體在前提中苟非豫有以深知而斷言之則在斷案中就之亦無能斷言之之事以此知大語若小語其在前提之中而不擴充者於斷案亦不可擴充之也惟前提中之擴充語於斷案時使入於不擴充則無礙以斷言之可加之凡物者自可加之此凡物中之一部分而爲其所不能外不復至有誤謬者生乎其中耳

今姑即論例之不循此第三條規則者而舉其一則如云「攘夷家皆勤王家也」「開國黨者皆非攘夷家」「故開國黨皆非勤王家」者是大語勤王家云者在大前提以其爲全稱肯定之客語故不擴充而其在斷案爲全稱否定之客

語則被擴充以第三條規則律之是爲不法故其推論亦不能不陷於謬夫攘夷家雖皆勤王家而遂謂攘夷家之外無復勤王家者存則不可故以知開國家皆非攘夷家之故直斷其爲非勤王家亦自不免於過武耳

第四條　兩前提俱爲否定則不得下斷案

以甲與乙之不相合而乙與丙又不相合也欲據以斷定甲丙之間其關係如何乃爲不可能之事以如此則甲之與丙相合也可不相合也可二者相合與否俱無所關而能同立於乙之範圍以外也故使兩前提而同爲否定則媒語者乃不能爲媒合之用蓋甲與丙二者共在媒語（乙）範圍之外則甲可盡爲丙所含而無所漏可一不爲所函而盡立於丙外更可有一部分者爲丙所含而一部分者立於其外大語與小語二者其關係得爲三種其於三種之中居其何一自不能臆揣而定之也故如云凡支那人者非白晳人凡亞刺伯人非支那人以是二命題者爲前提則凡亞刺伯人者之爲白晳人乎抑不爲白晳

第四條

離第四規則

人乎固無由斷定。

論理學家或頗難此規則。而謂以二否定命題者爲前提。未嘗不可下斷案。以右例言之。則以支那人者之非亞剌伯人而且非白晳人也。由之自可斷言。夫非亞剌伯人者之人。有非白晳人者之人焉存。而形成一斷案也。循三段論法之式述之。則如左。

凡支那人非白晳人。

凡亞剌伯人非支邦人。

故非亞剌伯者之人。有非白晳人者之人。

以右之論例觀之。是非以兩否定命題者爲前提。而得爲正當之斷案者而何邪。然試進而思之。則右所舉斷案。在形式論理學中。非爲直由右所舉二前提推論而得之者。毋寧取彼二前提者。換位且換質。以更別形成二前提。而因從之推焉。以形成此斷案。今試取其第二前提而換其位。則爲「凡支那人者非亞刺伯人」更取而換其質因以換其位則入於肯定命題而爲非亞刺伯人者之人有支那人然後以之代右論例中之第二前提者而置諸其地則可正當明瞭焉以形成此斷案如左

凡支那人者非白皙人

非亞刺伯人者之人有支那人

故非亞刺伯人者之人有非白皙人者之人

換位及換質之要

設不換其位且不換其質以原論例所揭之二前提者爲前提而由之推論焉以下斷案乎則其語爲較多於三何者原論例中其第二前提之主語亞刺伯人與斷案之主語非亞刺伯人者之人爲物各不同而實爲二語也如是則右所揭原論例者不亶排斥第四條規則而使不能立也爲幷第一規則而亦倒之如謂果其不能立則盡倒之亦又何所愛惜此固一最猛之駁擊矣然立於形式論理家之地固非遂無可自爲辨護之辭以換其質換其位然後推論焉

以爲斷案如右例之式較諸原論例其論脈遙爲易明且卽如或言而以凡支那人者非白晳人凡亞剌伯人者非支那人之二命題者爲其前提直推論焉而下「非亞剌伯人者之人有非白晳人者之人」之斷案矣然使非此「非亞剌伯人者之人有支那人」云者之思想先浮諸其胸臆之間則彼所謂斷案者又烏從而得之乎

更有難此第四之規則者與前者雖稍異其形顧其歸則一也其所揭以爲論例者曰凡非回敎徒者之人非亞剌伯人某非回敎徒故某非亞剌伯人於此論例則斷案之主語卽爲第二前提之主語其客語卽爲第一前提之客語雖非如前此難例之有不見於前提者之新語突出於斷案之中顧第一前提之主語與第二前提之客語所用以充媒語之職者實非同一之物（前者爲非回敎徒者之人後者爲回敎徒人）故都計四語也使此論例者而可通則第四條規則必倒不但第四條也幷第一條亦自不得不倒然是特據言語之外形而觀之耳以外形觀之

誠疑於以不同一者之二語供媒語之用者矣而其實則充此媒語之職者仍爲同一語（同一觀念）何以言之第二前提驟觀之雖爲否定而將以之聯關於第一前提而據之而推論焉以下斷案也其解之也自必以「某非回教徒者之人也」云者之意而視同肯定之命題如此則此論例實亦非能違犯此第四條之規則者也要之論例之驟觀之而戾於第四條規則者若使其爲正當之論法則以換質及換位方法必可變其形焉仍使與是規則者適合若夫任用何等方法而終不得變其形而使合於此規則者則其論法必不正當形式論理學之所見正如斯耳

第五條

第五條　二前提者若其一爲否定則斷案須爲否定若二盡肯定則斷案須爲肯定

是第五條之規則者其爲胚胎於嚮所述三段論法之原理也將甚易見蓋使乙而含於丙而甲含於乙則甲亦含於丙此前提之兩皆肯定時斷案之所以

以須爲肯定也。使乙不含於丙。而甲含於乙。則甲亦自不含於丙。此前提之一爲否定時。斷案之所以須爲否定也。

右所揭五規則中。最初之一。所以規定三段論法成立之大體。（卽以三命題而成而三命題須爲三語）次二則以立三語者之規則。而其一爲關於媒語者。其一爲關於大小語者。最終二條則三命題之相互之關係之規則。如前提兩皆否定時。斷案宜如何。與夫一否定一肯定。若兩俱肯定時。其斷案宜如何等事是也。

上所述五條。爲三段論法之本則。基此本則。更可立二附則焉。

附則第一　兩前提俱特稱時。不得下斷案。

今假定爲以兩特稱命題爲前提。而皆肯定。如此則二前提中。乃無一擴充語。然據規則第二條。則媒語者在前提中。最少亦須有一次經擴充。今特稱之兩前提皆爲肯定。自不得下斷案也。

更假定爲是特稱之前提者。其一爲否定乎。如此則不可不以前提之否定者之客語爲媒語。以此外無擴充之語故也。且二前提者。其一既爲否定矣。若使斷案者可得而下。以規則第五條律之。則其斷案亦須爲否定。斷案爲否定。則其客語。（卽大語）自不可不擴充。然前提中於媒語之外。既無擴充之語矣。則是乃爲取前提中不擴充之語。而於斷案、時使之擴充。於規則第三條相背。不可通。故特稱之兩前提。其一爲否定時。亦不得下斷案也。

若夫兩前提俱否定時。以規則第四條律之。其不得下斷案。當自可知。

附則第一　前提爲特稱。則斷案亦須爲特稱。

假定爲二前提者皆爲肯定。如是則前提中可得而擴充者。僅有一語。以兩前提既皆肯定。其客語自皆不擴充。而一前提者既爲特稱。其主語亦自必不擴充。可得而擴充者。惟餘一前提者之主語耳。以規則第二條律之。此一主語者。自不可不用爲媒語。如是則二前提中。自媒語外。爲無復一擴充之語。若使下全稱之斷案。含取前提中不擴充之語而擴充之。無他術也。而如是則與規則

第三條背不可通故其斷案不可不爲特稱

更假定爲二前提者一爲否定一爲肯定乎如是則前提中可得而擴充者主語一客語一都爲二語且前提之一既爲否定矣則斷案亦自不可不爲否定而既取此否定命題者以全稱之形賦之則其主語客語二者又必皆爲擴充語不如是則不能爲全稱也如此則斷案中主客二語在前提中又自不可不先經擴充顧以媒語者亦須爲擴充語之故媒語之一與斷案之主語及客語之二合計則爲三如此則前提中須有三語焉可得而擴充者始可而實際前提中之語其可得而擴充者僅有二焉今欲賦以全稱之形自非違規則二若三若五以爲之別無其術也然違則不可通矣故其斷案須爲特稱

若使兩前提者皆爲否定乎如此則不特斷案不得爲全稱以規則第四條律之并斷案者亦自不得而下

據右所述附則一及本則四觀之二前提中須有其一焉必爲全稱又須有其

能受前提與所前提

一焉必爲肯定而二前提者孰宜爲全稱孰宜爲肯定乎則得立能受所受之區別而謂能受前提者須爲全稱所受前提須爲肯定何謂能受前提以此前提中所立言之事爲之例而能取他前題者所立言之事受而容之者是（以能容受他前提曰能受）何謂所受前提爲能受前提所受容者是（爲他前提所受故曰所受）如云凡乙者丙也（或曰非丙）而甲者（或曰有甲者）乙也是爲凡甲之爲物皆受容於爲丙者（或非丙者）之乙之中故凡乙者丙也（或非丙）爲能受前提而凡甲者（或有甲者）乙也云者則爲所受前提也今特以大小語及媒語之配置標示能所受二者之關係焉如左

能受前提　媒語（主語）　大語（客語）

所受前提　小語（主語）　媒語（客語）

斷　　案　小語（主語）　大語（客語）

大小語及媒語之配置如右所示大前提之爲能受前提小前提之爲所受前提也將自易知今姑再揭此金剛石之論例以示大小語及媒語之配置之位

如左。

凡金剛石者可燃物也。

此寶石者金剛石也。

故此寶石者可燃物也。

以可燃物之凡金剛石之中能受此寶石者而容之，故得斷定夫此寶石者之爲可燃物，所以在此論例凡金剛石者可燃物也云者之大前提，能受前提此寶石者金剛石也云者之小前提，所受前提也。

以上所言觀之，可知二前提中能受全提須爲全稱，所受前提須爲肯定，更可知斷案之質，須以能受前提爲斷，其量須以所受前提爲斷，執此之故而次之二規則者可得而設。

第一條　能受前提須爲全稱所受前提須爲肯定

第二條　斷案之質視能受前提其量視所受前提

是二條者實取前所述本則二以下諸條而合括之其第一條則可合括夫本則之第二條與第四條盖能受前提之主語與媒語相當第二條媒語最少亦須有一次經擴充云者自可以此第一條者括之又曰所受前提須爲肯定則第四條之二前提不可俱爲否定云者已括於此其第二條則可合括夫本則之第三條與第五條何者既云斷案之量視所受前提而定故使所受前提之主語而爲特稱（不擴充）則斷案之主語亦須爲特稱（不擴充）既云斷案之質視能受前提而定故使能受前提而爲肯定則斷案亦須爲肯定（即能受前提之客語不擴充斷案之客語亦須不擴充）如此本則第三條所云前提中不擴充之語於斷案時不可使之擴充已括於此矣又以斷案之質視能受前提而定也故使能受前提而爲肯定斷案亦須爲肯定使其爲否定斷案亦須爲否定而據右補則第一條則所受前提既須常爲否定矣故本則第五條所云兩前提俱肯定時斷案須爲肯定一前提爲否定時斷案須爲否定亦括於此矣

右第一條言能受前提不可不爲全稱何故乎是不難知知乙之爲丙若非丙而以甲之受容於乙也因以知甲之爲丙或非丙將欲如此立言勢不可不明定夫乙之全範圍之爲丙若爲非丙若使非凡所有之乙而盡爲丙若盡爲非丙則甲雖受容於乙之中而其在乙之範圍中居何部分乎則不可知執此而其爲丙若爲非丙亦不可知不可知則不能下斷案也若夫所受前提之所以必須爲肯定之故則以使所受前提而非肯定無爲能受所受容之理甲既非乙則乙不能受容之甲而不爲乙所受容則以乙之爲丙若爲非丙之故而斷甲之爲丙若爲非丙不可能之事也

右二條斷案之質視能受前提其量視所受前提是其所以然之故參之前規則五與三之說明將自可解

上所述三段論法之規則皆本三段論法之原理而擴之者違之則其爲不正之推論也可知又以是五規則者完全而無所復缺足以蔽原理之全體也苟

循而用之則其推論之正當亦自可知何以言之原理曰爲乙所含者之甲含於能含此乙者之丙不含於不能含此乙者之丙從此原理則一事之中須有甲與乙與丙三者而三段論法則以此三者相互之關係而成而是則規則第一條可以蔽之又從此原理則乙含於丙甲須含於丙乙不含於丙則甲亦不含於丙此則規則五可以蔽之且從此則乙可含於丙可不含於丙甲則必不可不含於乙而是則可以規則四蔽之也其規則二則取乙之含於丙若不爲所含之意更詳爲說明之而謂乙之含於丙若否須以乙之全體之盡函於丙若否之意解之三條則取甲之含於丙若不含於丙之意更詳爲說明之而謂使甲之全體而含於乙則其全體固須盡含於丙使甲而惟一部分者含於乙則其一部分者不得不含於丙要之取原理而擴之則爲五條之規則融五條之規則則又爲其原理也

三段論法之諸說
亞理斯多德

（補註）論理學家其言三段論法之原理各不同阿里斯多德以謂凡於一

名辭之擴充者而以一立言者否定之若肯定之則盡其所包括者之各物亦得以此立言者否定若肯定之是說也論理學家久相承爲三段論法之原理顧非無其缺點焉以如是言畢竟不過謂一名辭者於其所表示之物之全體既得以是立言者論定之則於其所包括者之物之一亦得以是立言者論定之而是實不足以示三段論法之特質以其特質在於以第三者爲之媒以介合其他之二物也一種類之物其全體盡然全體中之一亦不得不然是非間接推論盜宜屬之直接推論耳

或欲補阿氏之缺點以謂二名辭者各能與一同一之第三名詞者合則二名詞者互相合若其一與之合其一與不相爲合是二名詞者亦互不相爲合是以名辭之合不合爲基礎者也如可燃物之一名詞與炭素物之一名詞者合魚類之與鯨不合是又或謂一性質之各與此同一性質相共在者則其性質亦相共在其非各與此同一性質相共在則亦不相爲共在如可

標誌說

燃物與炭素物其性質相爲共在金剛石之性質與炭素物亦相共在故可燃物與金剛石之性質相爲共在而金剛石者可燃物也云者可得而立言也是二說者足以示以第三者爲媒以介其他二語之特質矣然於二者之中其何一須合於第三者若與爲共在乎則僅是說者尙不足以表示之蓋僅曰二者之一與第三者相合若共在其一者不與之合若不與爲共在則設甲非乙而乙爲丙時而甲與丙不相合若不共在云者之斷定亦可得而下而如此則實不能通也故從是二說甲乙丙三名辭者之擴充之範圍無由而指定無由指定則誤謬得生於其間如此則尙不足云原理耳

又或謂物之以一事爲標誌者卽爲他物之以此同事爲標誌者之標誌其不以此同事爲標誌者則是物者不爲其標誌如金剛石以炭素物爲之標誌而炭素物又以可燃物爲之標誌然則可燃物者旣爲金剛石之標誌之標誌亦卽爲金剛石之標誌故金剛石者可燃物也云者之斷案可得而下

也哺乳動物者鯨之標誌而冷血動物云者則非哺乳動物之標誌故冷血動物亦非鯨魚之標誌是說也較右所述諸說爲優而能示三段論法之特質矣顧形式論理之解釋命題之意義也謂在於示主語之範圍之包含於客語與否是說雖可用爲三段論法之原理乎而於命題之釋義則不叶故在形式論理三段論法之原理終以本章所說明者爲適當耳

德卯幹之數學的論法

（補註二） 德卯幹氏 Demorgan 揭數學的論法之原理與形式論理學中所謂三段論法之原理者相比其一曰凡與等於一物者之物等者更等於該物其二曰凡較較一物大者之物更大者較該物亦大其意以謂凡論法之基於數學上分量之比較者不得視爲三段論法之一種乃據別種之原理以形成者此說頗爲有理予謂前所揭論例之有四語者如德意志較荷蘭廣云云從通常三段論法之原理頗不易處置是卽德卯幹氏所謂數學的論法之一也使從其說則是等論例與通常之三段論法爲異其性質而

別據原理以成者無復困難又若以時間之前後爲基礎者之論法從德卯幹氏則爲本「前若後於前後於一事者之事亦前若後於該事」之原理而成無難通之處若使以通常之三段論法難之則如左之論例又不可不謂有四語矣

乙先於丙　甲先於乙　故甲先於丙

第七章　三段論法之格及式

前章於區別能受前提與所受前提而示其相互之關係時曾舉一最適當之論例矣在此論例中其大語小語及媒語之配置則如左

媒　大　（大前提）
小　媒　（小前提）

在右論例中媒語之位置於大前提爲主語於小前提則爲客語顧媒語之位置非限於此於此外更可取三種之位置焉如左

大媒	媒大	大媒	媒大	（大前提）
小媒	媒小	媒小	小媒	（小前提）

媒語者其在兩前提中之位置不能出右所揭四種之外而三段論法之形其以此媒語之位置之異而生者是爲其格右最初所揭者曰第一格（即媒語在大前提爲主語小前提爲客語時）其下則以次而名之曰第二格第三格第四格

格之名以媒語位置之異而生矣而以質與量之異（全稱特稱是爲量肯定否定是爲質）所謂三段論法之式者又以生以元亨利貞四種命題與大小前提者相配則式都計有十六種如左

十六式

大前提	元	元	元	元	亨	亨	亨	亨	利	利	利	利	貞	貞	貞	貞
小前提	元	亨	利	貞	元	亨	利	貞	元	亨	利	貞	元	亨	利	貞

此十六種之式非盡得爲正當之三段論法前提者中之施括弧以誌者計八皆違三段論法之規則須削去之其（亨亨、亨貞、貞亨）三者與附則第一條戾（利利、利貞、貞利）三

者。與本則第四條戾。（貞貞）於附則一本則四俱戾。（亨利）與本則三若五戾。何以言之。使其不戾於規則五。則其斷案不可不爲否定。以其前提之一爲否定也。如此則斷案之客語。（即大語）須爲擴充語。然大前提既爲特稱肯定（亨）矣。其主客二語。自皆不擴充。無論大語之在斷案中爲主語。抑爲客語。要之其語俱不擴充也。而如是則爲前提中不擴充之語。於斷案時取而擴充之。而有戾於規則三矣。若使其不戾於規則三。則其大語在斷案中不可使擴充。而如此則以大語者爲斷案之客語之故。斷案自不可不爲肯定命題。爲肯定則又戾於規則五矣。

由是觀之。三段論法之式。其不背於一般之原理。而無可詰難者。僅有八焉。如左。

元	元
元	亨
元	利
元	貞

亨	元
利	元
利	亨
貞	元

十六種之中無可詰難者僅得其半數矣而此半數者亦非能盡適用於前所揭之四格於此格可用於彼格則或不可用今更即每格各立特別之規則據此規則則何式可用於何格抑不可用於何格將可得而辨

第一格（媒大 小媒）於此格（一）大前提須爲全稱（二）小前提須爲肯定是爲能所受前提之規則第一條於前章既論釋其義矣然今欲其易知姑更本三段論法之一般規則而說明之

何以言大前提之須爲全稱也今試假定其大前提不爲全稱而爲特稱如此則以媒語最少亦須有一次經擴充之故而小前提不可不爲否定使小前提而否定則斷案亦須爲否定如此則以斷案之客語（即大語）須爲擴充語之故其客語不可不先於前提中有以擴充之然欲於前提中而擴充此大語者則大前提自不可不爲否定大前提爲否定小前提以前所述之理由亦須爲否定如此則兩前提者皆爲否定以本則第四條律之斷案乃不可得而施矣故

大前提須爲特稱。

何以言小前提之須爲肯定也，以使其爲否定，則斷案亦須爲否定，如此則斷案之大語須擴充，而欲擴充其大語，則大前提又不可不爲否定，然小前提既視爲否定矣，大前提又爲否定，是兩前提者俱爲否定，如此則斷案不可得而施，故小前提須爲肯定。

嚮所準之三段論法之規則而無可詰難者之八式，其中元利、元貞、亨元、貞元之四者，不可用諸此格，以其背於此格之特別規則，而大前提爲特稱，若小前提爲否定故也。故於此格，其用之而無可詰難者，僅元元、利元、元亨、利亨之四式。以元元爲前提，則據規則第五條，斷案須爲肯定元若亨是也。但亨者於實際爲一不用之斷案，何者，就斷案之主語之全範圍既能明瞭正確，以元立言時，自無取於以亨立言之漠然而不明確。今如以凡炭素物者可燃物也，凡金剛石者炭素物也二命題者爲前提，是自可確定夫金剛石之爲可燃物，而以故凡金剛石者可燃物也（元）云者爲之斷案於此而必漠然曰故金剛石者有可燃物（亨）以是爲斷案有是理乎以$\frac{利}{元}$爲前提則據規則第五條而斷案爲否定利若貞是也而貞之於實際爲不用之斷案準右所言而可知以$\frac{元}{亨}$爲前提則據規則第五條及附則第二條斷案爲肯定且特稱亨是$\frac{利}{亨}$爲前提則斷案爲特稱否定貞是也

以上所述者觀之第一格之三段論法有四式如左

	第一式	第二式	第三式	第四式	不用	
前提	元	利	元	利	元	利
前提	元	元	亨	亨	元	元
斷案	元	利	亨	貞	亨	貞

第二格｛大媒 小媒｝此格之特別規則（一）前提之一須爲否定（二）大前提須爲全稱

第二格之式

先卽前提之一須爲否定者言之。以使前提而皆肯定。則媒語者不能有一次擴充。試卽媒語之於兩前提皆在客語之位置而一思之。將自可見更卽大前前提之須爲全稱言之。則以前提之一。既如適所言而爲否定。斷案亦須爲否定。斷案否定。則其客語（卽大語）須爲擴充語。而於此格大語者實居大前提之主語之位置。以此思之。大前提之須爲全稱。可知矣。

然則八式之中。其可用諸此格者。惟利元元利利亨元貞之四。此外皆戾於此格之特別規則者也。四式者。以利元爲前提。則得利若貞之斷案。但貞不用。元利爲前提。亦然。而貞不用。利亨爲前提。則得貞之斷案。元貞爲前提。斷案與利亨所得者同。此準之本則五及附則二可知。故此格之式亦有四。如左。

	第一式	第二式	第三式	第四式	不用	
前提	利	元	利	元	利	元
前提	元	利	亨	貞	元	利

斷案　利　利　貞　貞　貞　貞

第三格（大媒/小媒）此格之特別規則則小前提必須爲肯定是蓋使小前提而否定則以斷案亦須否定之故而斷案之客語（即大語）不可不爲擴充語然以小前提旣否定而大前提不可不肯定之故大前提客語（即在此格中宜爲大語者）須爲不擴充語如此則爲取前提中不擴充之語而於斷案中擴充之與規則戾故在此格其小前提不可不爲肯定也

可用諸此格而無復詰難之端者爲元元／亨元／元亨／利元／貞元／利亨之六式而於此格則由元元之前提不得推論焉而下元之斷案以小語不擴充也又以此故而由利元之前提不得推論焉以下利之斷案至其他之斷案則準諸本則五及附則二可知。

第三格之式

第一式　第二式　第三式　第四式　第五式　第六式

第四格之式

前提	元	亨	元	利	貞	利
前提	元	元	亨	元	元	亨
斷案	亨	亨	亨	貞	貞	貞

第四格（大媒 小媒）於此格則（一）大前提若為肯定小前提須為全稱以使大前提肯定而小前提仍為特稱則媒語無一次擴充也（二）若一前提者為否定大前提須為全稱以使一前提者為否定則斷案亦須為否定故斷案之客語（即大語）不可不為擴充語然以大語者在此格為前提之主語故使其語而擴充則大前提自須為全稱也「若小前提為特稱大前提須為否定以此代此格中規則之第一條亦可」據右所言之特別規則而觀之則於此格不得以（元亨）（元貞）（貞元）為前提以前二者戾於規則第一條後者戾於其第二條也故所餘者惟（元元）（元利）（亨元）（利元）（利亨）之五式而於五式之中若以（元元）為前提則在此格不得下元之斷案而其可下者僅亨以（利元）為前提則不得下利之斷案而其可下者僅貞何者使以元若利為斷案是取前提中不

擴充之語而於斷案時擴充之也又由元利之前提雖得下利與貞之二種斷案而貞不用其他之斷案則準之規則五及附則二可知故可用諸此格者之式如左

	第一式	第二式	第三式	第四式	第五式	不用
前提	元	元	亨	利	利	元
前提	元	利	元	元	亨	利
斷案	亨	利	亨	貞	貞	貞

觀以上所述則除不用式之五以外而第一格四式第二格四式第三格六式第四格五式都爲十九式若益以不用（但非不正）之五式則每格六式都爲二十四式三段論法正當之式無能出此外者矣今更取諸格之式列擧之如左

第一格

第一式
媒元大
小元媒
小元大

第二式
媒利大
小元媒
小利大

第三式
媒元大
小享媒
小享大

第四式
媒利大
小享媒
小貞大

不用
媒元大
小元媒
小享大

不用
媒利大
小元媒
小貞大

第二格

第一式
大利媒
小元媒
小利大

第二式
大元媒
小利媒
小利大

第三式
大利媒
小享媒
小貞大

第四式
大元媒
小貞媒
小貞大

不川
大利媒
小元媒
小貞大

不用
大元媒
小利媒
小貞大

第三格

第一式
媒元大
媒元小
小享大

第二式
媒享大
媒元小
小享大

第三式
媒元大
媒享小
小享大

第四式
媒利大
媒元小
小貞大

第五式
媒貞大
媒元小
小貞大

第六式
媒利大
媒享小
小貞大

第四格

第一式 大元媒 媒利小 小利大

第二式 大元媒 媒利小 小利大

第三式 大亨媒 媒元小 小亨大

第四式 大利媒 媒元小 小貞大

第五式 大利媒 媒亨小 小貞大

不用 大元媒 媒利小 小貞大

通觀右四格之諸式其可以元爲斷案者惟第一格且惟是格者元亨利貞諸斷案皆可得而下其他諸格不能也第二格之斷案限於否定第三格限於特稱第四格之斷案無全稱肯定又其前提無特稱否定第一格亦然無特稱否定更通觀右所列諸式則第一格之大前提爲元利元利其小前提爲元元亨亨第二格之大前提爲利元利元其小前提爲元利亨貞第三格之大前提爲元亨元利貞利其小前提則元元亨元元亨第四格大前提爲元元亨利利其小前提則爲元利元元亨其整然有序可見

四格之評價

右四格中其最重要者爲第一格實三段論法之模範也

第二格於據同一之事之有無而以一物者與他物相區別時用之爲宜以此

格諸式之斷案皆爲否定命題者觀之可知矣今舉一例焉如

凡酸性物遇約的吾木則呈赤色
此液遇約的吾木不呈赤色
故此液非酸性物
（第二式）

是以此液云者與酸性物相區別之論其論姿如此甚善也

第三格於摘一例外而破全稱之立言時用之爲宜以此格諸式之斷案之悉皆特稱命題者觀之可知例如

唆其吾木較水輕
唆其吾木金屬也
故金屬有較水輕者
（第一式）

是摘唆其吾木一例外而破凡金屬較水重云者之全稱立言者也其能破之也可知

第四格於論形中爲最少便益者雖在用此格而可得而立言之事而與其用此格寧以用第一格爲勝也阿里斯多德不置此格近世論理家如哈密爾頓亦不承認此格（始置此格者爲革賴努士紀元二世紀人）

正格與變格

以第一格之爲三段論法之模範也故名之曰正格其他曰變格正格於全稱肯定全稱否定特稱肯定特稱肯定之四種立言皆得而論證之能受所受之關係於此格亦最明瞭變格之中其前提與斷案之關係則有驟視之不甚明白者如第三格第二式

乙有是丙者　凡乙者甲也　故甲有是丙者

又如第四格第四式

凡丙者非乙　凡乙者甲也　故甲有非丙者

改格法

此等論例其斷案之果正乎不正乎驟觀之有不易得者若欲確知其正否則以改之使爲正格爲便以用命題之換位及換質法或易其大小二前提之位

置變格者可改之使爲正格也是曰改格法今卽變格舉一二例以示改格之法焉

取第二格之第一式而改其格僅換其大前提之位置而已足如左

凡丙者非乙
凡甲者乙也
故凡甲者非丙　是第二格第一式也

換其大前提之位置則如左

凡乙者非丙
凡甲者乙也
故凡甲者非丙　是已改爲第一格之第二式矣

改第二格第二式之格則稍難

凡丙者乙也
凡甲者非乙
故凡甲者非丙 } 第二格第二式也。

欲改其格。須先換其小前提之位。因而置之大前提之地。而斷案亦須換位。如左。

凡乙者非甲
凡丙者乙也
故凡丙者非甲 } 而爲第一格第二式。

改第三格第二式之格。則先換其大前提之位。因使與小前提者易地。且更換其斷案之位。如此。則爲第一格第三式。

以上皆換前提若斷案之位。或易大小二前提之位。置而變格。可改爲正格者。

但第二格第四式與第三格第五式則不然。須用換質換位之法焉。

凡丙者乙也
甲有非乙者
故甲有非丙者 —— 第二格第四式也。

欲改其格則其大前提須換質換位。小前提須換質。如左。

凡非乙者之物非丙。
甲有非乙者之物者。
故甲有非丙者。
（非乙者非字形容詞）（形字亦作非容字看）如此則爲第一格第一式矣。

乙有非丙者
凡乙者甲也
故甲有非丙者 —— 第三格第五式。

欲改此式之格其大前提須換質換位。而與小前提易地。斷案亦須換質換位。如左。

凡乙者甲也
非丙者之物有是乙者
故非丙者之物有是甲者
此則成第一格第三式矣

改格之法據以上所已言者其餘可推而知但臨終須有置一言者則第四格第一式是取此式之前提之位置使互相易更換其斷案之位焉其格已改矣然如是則可直以元爲斷案焉而更無取於以亨爲斷案之漠然而不明瞭是卽嚮所謂第一格中之雖非不正而不用者之元　元　亨之式也第四格論形之便益最少其亦卽坐是乎

第八章　三段論法之省略及複襍三段論法（三段之次序附此章）

三段論法之省略

日常談論之際於大小二前提及斷案三者常不盡舉之而於其中有所省略如云某行爲有犯罪之跡於法律當罰是則僅有一小前提一斷案焉而其大前提之凡有犯罪之行爲者於法律當罰云者則省略之蓋以此命題（卽大前提）者

百二十

爲衆所共認雖不特揭明之而以聞者之心自足以補其闕也凡世所共知而無容疑之事或於辯難時事之爲論敵所既承認者於形式雖宜以之爲前提之一而亦不復揭明之其例數見

又有僅揭三段論法之前提不下斷案而直以之與他三段論法之前提相繫合者是爲複襍三段論法是其形式雖不一而足而其久爲論理學家所稱述者則如左

複雜三段論法＝聯鎖式

凡甲者丙也（又非丙）

凡乙者甲也

凡丁者乙也

凡戊者丁也

凡已者（又有己者）戊也

故凡已者（又有己者）丙也（又非丙）

又有與右例少異其形式者則如

凡丙者（又有丙者）甲也

凡甲者乙也

凡乙者丁也

凡丁者戊也

凡戊者己也（又非己）

故凡丙者（又有丙者）己也（又非己）

右所揭第一形式則以一前提之主語爲其次前提之客語以最後前提之主語爲斷案之主語第二形式則以一前提之客語爲其次前提之主語而以最初前提之主語爲斷案之主語又第一形式其最初前提或爲肯定或爲否定俱可而自餘則皆須爲肯定其最初前提爲否定時其斷案亦須爲否定又其最後前提或爲全稱或爲特稱俱可而自餘則皆須爲全稱若最後前提爲特

稱時其斷案亦須爲特稱第二形式則最初前提或爲全稱或爲特稱俱可而自餘皆須爲全稱其最初前提爲特稱時斷案亦須爲特稱又其最後前提或爲肯定或爲否定俱可而自餘則皆須爲肯定其最後前提爲否定時則其斷案亦不可不爲否定似此以數多之前提順次相聯者名之曰聯鎖法聯鎖法者複襍三段論法之一種也

三段之順序

玆更有當一言者則論理學家或以爲右所揭聯鎖法之第二形式其前提之序次法在單一之三段論法中亦爲最適當之順序是蓋聯鎖法第二形式其斷案之主語取諸最初前提其客語取諸最後前提而在三段論法則其斷案之主語（即小語）取諸第一前提其客語（即大語）取諸第二前提畢竟亦以小前提置於前大前提置於後也如左

凡甲者（又有甲者）乙也　　小前提

凡乙者丙也（又非丙）　　大前提

斷案

故凡甲者（又有甲者）丙也（又非丙）

含於乙者之甲亦含於能函此乙者之丙而不含於不能含此乙者之丙此在第六章既揭爲三段論法之原理矣而於表示此甲乙丙三者之關係却以適所揭之小前提最前大前提後之斷案最後之次第爲宜盖欲明甲之爲丙而先示夫甲之爲乙乙之爲丙其於示甲乙丙三者以次相含之關係最便也惟於先揭能受前提次揭所受前提使能受前提者受容之因推論焉以下斷案時則以大前提居前小前提後之斷案最後之序次法爲優以先置一乙者丙也云者之命題而使受夫甲者乙也云者之命題而容之最能明能受前提與所受前提之關係也約而言之三段之通常順序於示能受所受二前提之關係宜右所揭甲ー乙ー丙之順序以小前提置諸大前提前者於示乙之介於甲丙之間而爲之媒也宜

第九章　假言命題　選言命題　假言三段論法

選言三段論法

假言三段論法與選言及定言者

上所論述之三段論法。皆以定言命題而成者也。論理學家常於此外更揭所謂假定三段論法。與選言三段論法者。對乎此等。而附上所述之三段論法者。以定言三段論法之名。通常僅言三段論法時。皆指此定言者而言。猶之僅言命題時之爲指定言命題而言。以在形式論理最重要者。爲定言命題。故所最最置重者。亦爲定言三段論法。定言三段論法者。實三段論法之模範也。欲取假言及選言三段論法而說明之。不可不知假言命題及選言命題者之胡以成立。故今先卽是一言焉。

假言命題

假言命題。以二部分而成。如云今日大雨明日此河當漲。是爲一假言命題。而卽以今日大雨云者之前句。與明日此河當漲云者之後句而成。其前句名曰前立。後句名後立。形式論理之分拆定言命題也。謂其以主語客語繫辭之三部分者而成。而於假言命題則不然。無所謂主語客語者。唯區之爲前立與後

立二部分耳以代號示之則如左

(一)甲爲乙則丙宜爲丁

(二)甲若爲乙則宜爲丙

(三)如爲甲當爲丙

於右第三式「如爲甲」云者前立「當爲丙」云者後立也如云「如爲結核病當不治」者是第二式則「甲若爲乙」云者前立「則宜爲丙」云者後立如云「彼若斃於戰場則宜貽芳名於千載」者是第一式則「甲爲乙」云者前立「丙宜爲丁」云者後立如云「彼而死則妻子當迫於飢餓」者是

以後立之必從前立而來也故使前立而爲事實則後立亦不可不爲事實使後立於實際爲无有之事前立亦不可不爲无有之事然以前立之於實際爲无有也遂謂後立於實際亦必爲无有則不可以後立所從來不限於前立所揭者之一事越此而外尚有其原也又後立爲事實矣執此而遂堅執焉謂前

立亦必爲事實亦不可後立誠事實而其生也或者本前立以外之原因亦未可知試基於原因結果之規律而以前立爲原因後立爲結果如此觀之二者之關係將自可見耳今特以例明之如云「如爲結核病當不治」使於此命題者之後立而拒否之而曰「能治」則其前立自亦必在拒否之例而「如能治當非結核病」云者之斷言可得而立然使謂「如非結核病則能治」或謂「如不能治宜爲結核病」是二者固俱不可以結核病外更自有不治之病者存猶之言「如服毒則宜死」是雖可而遂謂「如死則爲服毒」或謂「如不服毒則不當死」是豈可也死固非專以服毒之事而致焉者武而斷之自不免於謬也要之使前立而經承認則後立亦須經承認後立見拒否前立亦須見拒否以承認後立遂直承認前立焉不可以拒否前立遂直拒否後立焉亦不可是則前立後立二者間之關係耳

選言命題

選言命題之由幾部分而成乎有不能確定者所可言者則凡其所列之事物

之供撰擇者皆爲組成其命題者之部分是耳今如云「甲若乙若丙也」則事物之爲所撰擇者爲有三是三者卽爲組成此命題者之三部分而選言云者則以於所揭事物之中須取其一而捨其他是雖可知而至此供選擇之物何者當選何者見弃則不可知焉是也故在右例使甲而當選則可言其非丙且非乙而乙丙盡見捨乙若丙而當選甲丙若甲乙須盡見捨又使當選者雖未能決而其非甲則已決則須云乙若丙也而更爲取捨於乙丙二者之間若使其非甲且非乙而已決則可決其爲丙要之於事物之供選擇者之中取其一則須弃其餘餘盡見弃則須取所餘最後之一或有見弃者而所餘者尙在二若三以上則須更卽其中選擇焉而取其一此選言之所以名也更揭一例以明之則如云此罪宜以此法第五條第七條第八條若第十條處分之是其可供撰擇者之事爲有四此命題者卽爲由此四部分而成而其言之意則但謂須於是四條之中選其一焉而至宜選其何一則不明言也

選言命題與假言命題之所以成立者如是。茲進而取夫假言三段論法與選言三段論法者而說明之。假言三段論法者以一假定命題者爲之第一前提。而其第二前提。則取第一前提之前立而是認之。若取其後立而拒否之。是也。如左。

假言三段論法

一
使爲甲則爲乙
甲也
故乙也

二
使非甲則乙也
非甲
故乙也

右是認前立者

三
使爲甲則爲乙
非乙
故非甲

四
使爲甲則非乙
乙也
故非甲

右拒否後立者

今姑舉其例之一二焉。如

春而來雁當歸北地。

春來矣。

故雁當歸北地。

又如

彼若認爲有罪。宜被罰

彼未被罰。

故彼未經認爲有罪。

第一前提。任取一假言命題者充之足矣。而第二前提。則須爲明前立之是。若後立之非。若取後立之反對而定言之者。第二前提。既明夫前立之非矣。而不得以此遂斷定後立之亦非。蓋前立之外。可更有前立。後立自可更有其所從來者也。如云暴食暴飲。則釀病。而釀病之事。則不以暴飲暴食爲之限。氣候之惡。働作之不時。皆足以致之。使以否定其前立而斷爲不暴食暴飲之故。遂直斷其不應釀病。非甚武斷之談。而何。又以此故。後立雖經承認。不得以之遂承認夫前立。仍據前例明之。則釀病矣。雖見承認。執以斷其爲暴食暴飲之故。則有難焉者。病或本於氣候之不善。亦未可知也。故假言三段論法之可得而下斷案也。須其第二前提者。取第一前提之前立承認之。若取其後立而拒否之也。始可。

假言三段論法之式。又有與右所揭稍異其形者。如左。

使爲甲則爲乙
丙者甲也
故丙者乙也

使爲甲則爲乙
丙者非甲
故丙非乙

右式。是以第一前提中所無者之丙。爲第二前提之主語者也。此式與定言三段論法甚近似。改其第一前提爲全稱。則純爲定言者矣。以例明之。則如使認爲有罪則宜罰。
某認爲有罪者也。
故某宜罰。

是以第一前提所無者之語之某爲第二前提之主語者也。使改爲定言者。則如左

凡認爲有罪者宜罰。
某認爲有罪者也。
故某宜罰。

是則爲第一格第一式矣。顧改之雖易。有時以不改之而用假言論法爲便。

襍言三段論法

論理學家。有以假言三段論法之名。加諸二前提之俱爲假言命題者。而謂其第二前提之定言者。爲襍言三段論法。以其爲定言命題與假言命題二者相襍而成故也。兩前提皆假言者之式如左

如爲乙則爲甲
如爲丙則爲乙
故如爲丙則爲甲

是與定言論法之第一格爲相當。乙之一語恰充媒語之用。

如爲乙則爲甲
如爲丙則非甲
故如爲丙則非乙

非甲云者。取第一前提之後立而否定之。如爲丙云者之結果。爲取第一前提之前立而否定之。故如爲丙則非乙云者之斷案。可得而下。是式與定言論法之第二格相當。

若非乙則爲甲
若爲乙則爲丙

（故若非丙則爲甲

於此式斷案之前立須取第二前提之後立而拒否之以如是則第二前提之前立可得而拒否而與是認第一前提之前立者無以異故於斷案得是認第一前提之前立而定其爲甲也是與定言論法之第三格相當

使爲甲則爲乙
使爲乙則爲丙
故使非丙則非甲

是與定言論法之第四格相當

右第三式及第四式於斷案須拒否第二前提之後立第一第二於斷案須是認第二前提之前立

更以實例示之如左

交通之便增。則市邑繁昌。
敷設鐵路。則交通之便增。
故敷設鐵路。則市邑繁昌。

右與前第一式相當。

使爲武士。須潔其死。
使彼於此戰而生還。則非能潔其死者。
故使彼於此戰而生還。則非武士。

右與前第二式相當。

彼若無人情。則不得謂人。
彼若有人情。於此際須救其友之困苦。
故彼若於此際不救其友之困苦。則不得謂人。

右當前之第三式。

使爲金剛石則炭素物也。

炭素物則能燃。
故若不能燃則非金剛石。

右當前之第四式。

右四種式。皆得改之使爲定言者。以第四式爲例而改之如左。

凡金剛石者炭素物也。
一 凡炭素物。無不能燃者。
故凡不能燃者。非金剛石。

如是則爲定言論法之第四格第二式矣。

選言三段論法

選言三段論法者。以一選言命題者爲第一前提。而於第二前提。則選擇於第一前提所列諸事物之中而行取捨焉。其式如左。

百三十六

甲若乙是也
甲也
故非乙

甲若乙是也
非甲
故乙也

甲若乙是也
乙也
故非甲

甲若乙是也
非乙
故甲也

以例明之則如

本年選出之代議士急進黨若帝國黨是也

某代議士者帝政黨也　　某代議士者非急進黨

故某非急進黨　　故某帝政黨也

第一前提所揭事物之供選擇者在二以上亦無不可所必不可違者則於第二前提既肯定其事物之一於斷案須盡棄其餘於斷案中肯定其一則於第二前提須先盡棄其餘耳例如

於此際宜適用此罰則之第五條第七條第八條若第十條

今宜適用此第七條

故今不可適用第五條第八條第十條。

（又）今不可適用第五條第八條及第十條

故今宜適用第七條

若使供選擇者之事物有數多而於第二前提之所拒否者而外尚有一若二以上者存則於斷案時得取此等而仍以選言之法肯定之其式如左。

甲若乙若丙若丁若戊是也。

今知非甲與丁與戊。

故乙若丙是也。

以假言命題與選言命題併用則成所謂的捩碼 Dilamma 論法者今姑以兩刀論法名之兩刀論法者置二假定命題者於第一前提而第二前提則取是二假言命題者之前立而以選言之法肯定之或取其後立而以選言之法否定之其式如左。

使爲甲則乙也．使爲乙則丙也．
今甲若乙是也．
故必丙也．

如爲甲則爲乙．如爲丙則爲丁．
今甲若丙是也．
故乙若丁也．

右爲第二前提之取第一前提之二前立．而以選言之法肯定之者．

如爲甲則爲乙．如爲丙則爲丁．
今非乙若丁．
故非甲若丙．

如爲甲則爲乙．如爲甲則爲丙．
今非乙若丙．

故必非甲。

右爲第二前提之取第一前提之二後立。而以選言之法否定之者。置二以上之假言命題於第一前提。而第二前提者。從而以選言之法否定之。若肯定之亦可。但最普通最便益者。則爲右所揭之兩刀論法。今姑更舉論例之二三。如左。

甲議案倒。則內閣不可不辭職。乙議案倒。則亦不可不辭職。
甲若乙之議案者之倒也必矣。
故內閣不可不辭職。

右乃不以右手之刀切而用左手刀切者之論法。

又彼若爲帝政黨員。當贊成甲議案。若爲急進黨員。當贊成乙議案。
彼於帝政黨員若急進黨員二者之中處其一。
故彼於甲議案若乙議案二者。必贊成其一。

又 彼若爲善人。當不至明知而吐此失言。彼若爲智者。當不至不知而吐此失言。

今彼爲明知而吐此失言乎。若不知而吐此失言乎。於二者必居其一。

故彼非善人乎。將非智者乎。於二者必居其一。

又 彼若政府黨員。當贊成甲議案。彼若政府黨員。亦當贊成乙議案。

今彼於甲議案若乙議案有不贊成者。

故彼宜非政府黨。

兩刀論法第四式之要用

（補註一）右所揭最後一例。於兩刀論法爲第四式。論理學家。尚未見有揭此式者。甄萬思 Jevons 謂凡兩刀論法。其斷案之可用否定命題者。皆爲選言的斷案（如右例第三式）之複襍者。以此言觀之。似直不承認此第四式也。（千八百八十二年倫敦板（Jevons Lessen in logic 之百六十八頁參看）然此決非不正之論法。且非不用之物。甲之一事。必有乙與丙二事者相隨伴而生時使乙丙而共爲先有甲之爲先有固可斷言矣卽使僅知乙若丙二者之一之爲先有而以斷言夫甲之爲先有亦自完全而無缺實際又非無於乙丙二者雖不能確指而可斷其中必有一焉爲先有之事例也於此之時使欲拒否甲之存在此式將必有用若於此而用假言三段論法乎則先須確知乙丙之共爲先有不然則須於乙丙二者之中指其一焉而定其爲先有其不及用此式之便益也審矣

(補註二) 貝因 Bain 氏論假言論法與通常三段論法之別謂假言推論其第二前提與斷案位置可互易而三段論法不然貝因氏著論理學演譯法部百七十頁千八百七十九年倫敦板) 顧予則不能得其意之所在以氏所言在選言三段論法誠有之而假言論法則實不然今如云如爲甲則爲乙甲也故乙也易其位而曰乙也故甲也可乎將不可邪

(補註三) 以假言三段論法者僅以是認其第一前提之前立之故而遂是

辨明假言三段論法之爲間接推論

認其後立以否認其後立之故而且否認其前立也故論理學家有謂是論法者非有三語而不得與通常三段論法之介一媒語以繫合其他之二語者比（如 Bools low of thaught 之一百三十一頁所論卽其一例）然將何以視之將視同直接推論邪未見其可也蓋使假言三段論法者其第二前提之意義純爲假設之境而毫無關於現實之際焉則是特取第一前提者而反覆重言之無其必不可無之處如是固自不得以間接推論名之以其與僅置一假言命題者無以異故也然使假言三段論法者而徵具推論之性質自不得謂其第二前提之毫無關於現實之際何者第一前提之立言僅以見前立後立其二者之關係確而不能動耳而至前立之爲存在於現實之際若後立之不存在於現實之際則未嘗有言必待第二前提者指示之以見夫前立之所言者之事物之爲現實存在若後立所言之事物之爲不存在於斷案時始得應用諸現實之際而能取後立而指定之若取前立

而否定之然則假言三段論法者自爲由前立與後立二者必然之關係以斷定夫前立若後立之爲現實存在與否者之論非若命題之換質換位僅爲直接推論也今試由一前立與一後立之必然關係而推夫前立若後立之於現實爲存在與否而觀之如此則必先於第二前提明示夫前立之於目前爲現實存在若後立之於目前爲不現實存在然後斷案可得而下而如此則其論法自必不可不由二前提與斷案之三者而成以直接推論視之豈理乎哉若夫取三段論法之規則而直用之於此固自不可以二者本有定言假言之別也然其爲三段論法之一種則無容疑者耳

全稱定言命題與假言命題

（補註四）定言命題與假言命題在形式論理雖常視爲別種之物然以定言命題之全稱者改爲假言實易易之事如云凡磁石者吸鐵可易之爲若爲磁石宜吸鐵凡金剛石者能燃可易之爲若爲金剛石宜能燃蓋云凡某者如是如是易之爲如某則宜如是如是毫無所難也

又形式論理學通常皆於假言命題之外設所謂選言命題者實則凡選言命題謂皆以假言命題而成亦無不可欲言之簡明也取二以上之假言命題一括之而使爲選言作如是觀非不可通也今如如爲甲則非乙如非甲則爲乙是二命題者設合而觀之則爲甲若乙是也之意甲若乙是也云者其所表示不外於(如爲甲則非乙)(甲)(若爲乙則非甲)(乙)(如非甲則爲乙)及(丙)(如非乙則爲甲)(丁)之四假言命題者之所示也其中之甲與適所言假言命題之第一相當乙則以拒否其後立而因拒否其前立者丁則與適所言之第二相當丙則以拒否其後立而拒否其前立者而是甲乙丙丁四命題者以適所言「如爲甲則非乙」「如非乙則爲甲」之二命題則足以蔽之然則二命題者以之蔽甲若乙是也云者之選擇取捨之意也亦固無不足之處由此觀之選言命題分折之實皆假言命題也

選言三段論法與假言三段論法之關係與選言命題之與假言命題正同。

選言三段論法者其第一前提之甲若乙是也云者特括如爲甲則非乙如非乙則爲甲之二假言命題者於一而成置甲也云者爲第二前提以與如爲甲則非乙云者相聯則非乙也云者之斷案可得而下若置非乙也云者爲第二前提以與「如非乙則爲甲」相聯則甲也云者之斷案可得而下又使置乙也云者爲第二前提則如爲甲則非乙云者之後立爲見拒否執此而其前立亦在所拒否而非甲也云者之斷案可以得使置非乙也云者爲第二前提則「如非甲則爲乙」云者之後立爲已見拒否執此而其前立亦在所拒否而甲也云者之斷案可以得由是觀之選言三段論法分拆之則爲假言者可知矣

（補註五）論理學家解甲若乙是也云者之意義或謂爲於甲若乙二者必居其一而不得逃乎二者之外而不爲甲并不爲乙然使爲甲且爲乙而於二者盡居之則無妨顧是非通常所謂選言命題者之意義也

第十章　前提及斷案之眞妄

形式論理學於事實之眞否常付之不論不議之例所問者斷案與前提之關係以論理之式律之爲正與否耳此所以有形式之名也故從三段論法之規則所得者僅斷案之於形式爲正若否其於事實則不可知所謂形式上之正否者斷案之果以前提爲論據而立焉否乎是其謂斷案不正時亦特以其推論之非由前提而得者若斷案所言者於實際爲如何自別論也今如云凡乙者丙也凡甲者乙也故凡甲者丙也於形式論理學是凡乙者丙也若凡甲者乙也云者之果合於事實否乎直不詮索之於斷案之甲者丙也云者亦然所爭者由此前提得生此斷案焉否耳使其正當則形式論理之能事已足矣故使前提者於事實爲正而其與斷案之關係悉循三段論法之規則於形式又爲正如此則斷案之於事實亦不可不正例如

凡炭素物者可燃物也。　大前提　事實上正
凡金剛石者炭素物也。　小前提　形式上正
故凡金剛石者可燃物也。　斷案　故正

若使前提於事實爲正而其與斷案之關係不正。則斷案於事實固得爲不正。然亦非必爲不正而得爲正。但以是前提爲論據。於法不能得此斷案。故在形式論理不得謂之正。例如。

某政府盡殺革命黨員。　大前提　事實上可正可不正
某政治家爲政府所殺。　小前提　形式上不正（違三段論法規則第二條）
故某政治家爲革命黨員。　斷案　故不正

兩前提或其一於事實不正。而其與斷案之關係。於形式則正。是其斷案於事實可正可不正。惟在形式論理。既許容其前提。則不可不許容其斷案耳。例如。

凡鳥類。哺乳動物也。　大前提形式上正

凡鯨鳥類也．　小前提　事實上不正

故凡鯨哺乳動物也．　斷案　事實上又正

若夫前提於事實既不正矣．而其與斷案之關係．於形式又不正．然且斷案之於事實為正否．亦復有難得而豫言者．是則準之右所述之例而可知矣．故形式論理．其可斷定夫斷案之於事實為正者．惟其推論之方．於形式既無所違背．而兩前提者．又於事實皆正時始然．過此以往．非所及也．

第十一章　似而非推論

形式上最易生之似而非推論

當為推論也．使能守三段論法諸規則而無所犯者．其推論自正．使犯其一焉．則其推論為不正．然推論之不正者中．有顯然易見一目可瞭者．有驟觀之無不正之嫌．而其所以不正之故．埋沒而難見者．後者名之曰似而非推論．（似而非推論云者．以廣義用之．凡不正之推論．皆可加此名．茲用狹義．）凡推論之背乎規則者．恆有以致此．於規則三及四相戾者．蓋尤易也．

犯第三條者

犯規則三者（即媒語在前提中無一次擴充者）爲媒語不擴充之似而非推論例如

政府盡殺革命黨

某政治家爲政府所殺

故某者革命黨員也

右例於形式爲不正以媒語無一次見擴充也變之爲第一格之式則如左

凡革命黨員政府之所殺者也

某政治家爲政府所殺

故某治家者革命黨員也

所殺云者（媒語）非擴充語不屬革命黨者之人因緣他故亦或爲政府所殺

所殺之果爲革命黨與否以論式求之不可得而知也

犯第四條者

犯規則四者於前提不擴充之語斷案時擴充之者是也名之曰不當擴充之似而非推論例如

不能識文字者不得爲文官

某能識文字

於此時而斷案意必曰某非不得爲官吏者矣然如是則爲取大前提不擴充之語斷案時擴充之變其形爲第一格則如左

凡不能識文字者不得爲官吏之人也（不得爲官吏者云云作形容詞者）

某非不識文字者

故某非不得爲官吏者

右例大前提既爲肯定故大語不擴充斷案爲否定則大語擴充與規則四戾爲官吏者於識文字外或更須其他之資格不識文字者固不得爲官吏能識文字者亦非盡得爲之者也是大語之不當擴充至小語之不當擴充可類推無取更爲例示

於形式爲背推論之規則者驟觀之其推論雖無不正當之處然皆似而非者

形式論理所詮索者在此越此以往可不及矣顧以論談時於實際有當注意而不則陷於誤謬者故於此外更揭數種之似而非推論者以示焉乃其常以以上所述專卽形式之正否而言也名之曰形而上之似而非推論別乎此形式之名而有所謂事實上之似而非推論者是以其專卽事實上之正否而言故有此名茲擧其重要者而以次論述之

四種主要者

事實上之似而非推論種類甚多分類頗不易然其主要者則大別之可爲四種一言意不同二不當假定三論旨相違四論證不足

一言意不同

言意不同之似而非推論謬論之以文意解釋而生者也同一之言辭文句而以解釋之異則意以異以意異而不正之推論以生蓋屢見不鮮焉茲揭數例於左而說明之焉

曖昧語

以語意之曖昧而不正之論以生者此言意不同之一種也名之曖昧語之似而非推論是種推論雖有以大小語之曖昧而生者而職於媒語者則多例如

左。

凡動物者不識善惡邪正之區別

凡人動物也

故凡人不識善惡邪正之區別

右例乃以媒語動物云者意義之曖昧而陷於似而非者也蓋是語在大前提中所指者爲下等動物而於小前提則意義較廣其所指者乃爲凡活動之物混而同之故陷於謬似此極易知者稍有學識固不至如茲又以正當之三段論法繩之其入於曖昧語之似而非與否亦非難見顧當辯難紛如縱橫排闔不識不知之間往往陷入於是孰爲媒語方事論爭奚暇細撿執此之故謬論以生數數有也今姑更擧一例卽此可知勿論何辭意義曖昧皆能爲敝如云

以晴雨計示此變動故雨當降。

雨降故路濕。

然則路之濕。以晴雨計之示此變動故也。

右斷案直以晴雨計之示此變動爲道路濕之原因者也。似此謬論。卽以二前提中故字意義之曖昧而生。大前提中故字乃示理由。晴雨計示此變動爲能知雨降之理由。非謂晴雨計能爲原因。力足致雨。小前提故字乃示原因。道路之濕。何爲其因。以雨降故。混而同之。故致此極也。

曖昧語一語涵二義。與二語等。媒語曖昧。則與媒語而二同。媒語而二。是爲四語。較多於三。與規則一戾。故其論法。自不正當。

次更有所謂離合之似而非推論者。又可視爲言意不同之一種離合之似而非云者。有物於此合其數多而爲總體。可以一事者謂之離而爲一。仍以是事者謂之則陷誤謬。今不顧其離合。一概以施。遂致謬悠者是也。如云木葉之一。爲軟風所吹。當不發聲。然則此樹吹於軟風。其葉之一。當各不發聲。如此則此樹吹於軟風時。當自無聲。是推論者。卽屬此類。一木之葉。離而爲一。微風吹之。是一葉者。雖與空氣相觸。其振動力極爲微弱。耳不得聞。故可謂無聲。若全樹之葉。齊與氣觸。其振動力自強。人耳鼓膜。能感知之。聲遂以發。仍以謂一葉者。謂衆葉。謬自不免耳。若至以謂物之總體者。謂其一物。謬與此同。自可推見。今舉姑其一例焉。如左。

於此戰第一聯隊之働力最鈍。

是兵士屬第一聯隊。

故是兵士於此戰其働力最鈍。

右例乃本宜以之謂組織此聯隊者之兵士之集合體者。而移之以謂其一士。一聯隊之働力雖鈍。而其中之一士。則未必無爲拔群之働力者。今直武斷而鈍之。自可陷於謬也。此等論例。其過誤要皆以有三語以上者之語。故今試取右所言木葉之喩。賦以三段論法之形。將可見。

任吹何木葉者之軟風皆不發聲

吹此樹者之軟風吹木葉者也

故吹此樹者之軟風不發聲

右例同一木葉云者而在大前提則離之而言其一小前提則合之而言其全以語意之曖昧而以謂其一者謂其全故陷於似而非且戾於規第一條焉以前提中木葉云者一偏一全非同物而爲二語故故此種推論自事實觀之則爲離合之似而非自形式觀之則可謂之四語之似而非

不顧事情

似而非推論有以不顧特別之事情而生者或持謂一般普通之事者謂具特別條件者之事或持謂具特別條件者之事者謂一般普通之事或持謂此特別之事情者而移之謂彼皆此類也是推論者亦得數爲言意不同之一種而名曰不顧事情之似而非今舉其一例之爲西洋論理家所慣用者如左

汝食在市中所買物

汝在市中買生肉矣。

故汝食生肉。

右例。大前提所云在市中所買物。自是普通事。至是物之如何以食則無言也。而小前提所指。則所買物之特別狀態。以大前提之所以謂普通物者。而移以謂物之具特別狀態者。此卽所謂不顧事情之似而非也。他若酒者百藥之長也。以此之故。不論遇何人。於何際。而皆以酒勸之。是爲以謂特別之事者。移而謂普通事。同一音樂也。以其能琴之故。遂推論其能笛。是爲以謂此特別事情者。移而謂彼。皆爲不顧事情之似而非。在日常近。故似此等謬論。雖甚易知。當議論複奧鉤深致遠。無意識間。往々陷入之所用者同一言詞也。以意義曖昧。毫厘之差。謬遂千里。如適所言食生肉云云之例。是已。顧此等曖昧語。恆居媒語之位。謬誤之生。職諸媒語者居多。媒語而曖昧。則如同二語。故此等推論。又皆可以四語之似而非名之。今欲示媒語之曖昧。而使易曉。姑更變上例之論法以示之如左。

凡在市中所買物。汝所食者也。

生肉爲在市中所買物。

故生肉汝之所食也。

質問

「甲問於乙曰若今須應不毆擊若親若應乎否乎速爲確言答我使乙而答曰否否甲將曰然則若今爲毆擊若親若有罪使乙而答曰唯唯甲將曰然則若必曾毆擊若親若有罪」是例也論理學書中數數引用之所謂質問之似而非者是也質問之似而非云者以本非單一者之問題使若爲單一也者而持以問人及得所答因執答語推論焉以肆其詰難者是卽如上例問題實二一爲曾毆擊若親乎二爲若今欲不毆擊若親乎答者於其一可應曰否否於其二可應曰唯唯否以示無毆擊其親之事唯以示無毆擊其親之意無難也今合二問而以一出之則答者曰否曰唯乃俱不免此種質問之似而非推論

百五十八

亦得視爲言意不同之一種。

又有所謂言辭輕重之似而非者與質問之似而非爲相聯結而生如甲促乙與同散步乙應曰僕今不行甲則特置重於乙言之今字曰然則汝後此當行。即其一例乙之意或特以示不行之意未必注重於今而甲乃重以解之是爲取輕者而重之也輕者重之意義以異若今應不毆擊若親云者亦然或注重於今字或注重於不毆擊親輕讀重讀之間而質問之趣已爲二矣是等推論。視同文義曖昧之似而非亦無不可以其於同一言詞而附以特別之意義也。要之亦不外爲言意不同之一種。

以上所述事實上之似而非推論皆以同一言辭解釋異義而生者也故欲議論之正確則同一之語以數義用之之事須力避之萬不得已而出諸此塗亦須爲之明定其界蓋吾人議論之陷於誤謬雖不必皆由此而此實所最易陷焉者也。

二不當假定

竊取論點

不當假定之似而非推論者以不可假定之事於前提中假定其然因據爲論證以立斷案者也其最顯之例爲竊取論點何謂竊取論點欲證一斷案而於所根據理由之中先假定夫斷案之爲眞實其斷案之所據以爲理由者較之斷案蓋尤爲難知而於承認其斷案之先其所揭之理由已先有不可承認者是蓋當斷案見承認之先已不可承認之事萬不足以爲斷案之理由據是以爲理由與以物之有裏而證其有表者直無以異於知有表之先無由以知其有裏裏者對於表以爲言者也今假定其爲有裏是直已假定其爲有表以有裏證有表是豈眞正之論證特以有須證明之論點竊入之最初論據之中而欲證斷案之眞實却已先定其爲眞實者耳故此等推論名爲竊取論點之似而非政黨辯客大聲疾呼訐反對黨之所爲爲不副於立憲之精神而不可不力爲攻擊其推論往往此類也何者使果不副於立憲之精神則在立憲之國固自不可稍加寬貸而須爲鳴鼓之攻顧所謂立憲之精神者其物爲何必如

何焉始爲副之何遵何由方與爲戾是已一問題之先有待於解決今本一人之私意而判斷之因基之爲理由而明目張膽以非難其反對是非所謂竊取論點者而何邪大抵議院之爭論陷於此謬者居多將欲非難異已者之所爲而以形容之詞冠之是形容之詞者則已竊其論點而取之而先假定其爲旡妄德卯幹氏附以竊取論點之形容詞之名良有以也他若宗敎家及哲學家之爭論自標宗義以律他人者亦皆此類蓋自己所標之宗義方且爲一問題，遂本之以爲論據，是已定其爲眞然苟捨夫此，將別無理由夫以無理由之事而若爲有理由也者以言之其謬也烏能免乎

循環論證

與竊取論點，殆有同一之性質者則據一理由以證其斷案又以斷案爲理由以證其理由者是是爲循環之似而非推論其例如左

人之性善者也何以知之以其能發惻隱羞惡之心者知之以其發惻隱羞惡之心胡以遂知人性之善乎以惻隱羞惡之心者仁義之端也仁義之爲

善也又何故以其本於人之性也

右例於人性之善則以仁義之本於人性證之而於仁義之爲善則又以本於人性證之循環無端莫可窮詰而實不免於謬此種推論蓋尤吾人所易陷者也

三論旨相違

於所宜論之事置不論而漫論他事令人驟觀之若其論旨之能立也者是爲論旨相違以其所宜論與其所論其意旨恰相違背也此種似而非之論多生於窃行變更論點之時據一理由者以證一事實迨見證據之難立則急變其理由或其所欲證之事實當此之際是謬常生今如云近者某校之衰以其所授課業多宜改正而不改正是其所論之點本在於課業之不改正也乃見左證之不易得而急易其辭曰曷觀其教師其於教授法非皆甚劣乎某校之衰因其所也一轉移間而遁而之他一若其某校之衰之言得以此而立者不知校之衰者其果證其所以衰則須得其因既以其因歸諸課業之不改正矣教

師之善否自是別論與校之衰也無與此之云云直遁辭也更若云彼少年者自其改校以來學藝之進步非甚鈍邪是所欲論證者爲學藝進步之遲也審矣顧以其改校以來無甚遲之跡可以驗其言則又變其詞而謂彼少年者較同時儕輩學藝之進步非甚遲鈍乎是則變更其所欲論證之事實此種推論皆似而非者也在前例爲竊變其理由在後例爲竊變其所論之事實要其推論之不正則一耳

非難

與論點變更相似者則非難之似而非推論是非難云者甲卽一事以立言乙詰難之甲不自證其言之足立也顧摘乙平生所言而難之者是有佛教徒於此對邪蘇敎徒開宗明義謂現世之幸不幸皆視過去之業而定邪蘇氏之徒疑其言叩以過去之存在有何左證夫非架空之說邪於此之時佛教徒不證夫過去之存在也而乃詰之曰然則若能證若所說未來之賞罰者之非架空乎此等答辨卽其類也蓋邪蘇教徒所問過去存在之以何爲證也其平生所

舉證之責任在立言者

持以爲說者卽屬空談佛氏之徒非能以此而遂有爲空談之權利既以現世之幸不幸視過去之業而定者說教於邪氏之徒之前而冀其歸吾宗矣自不可不明其立言之所據論證之責任固在此而不在彼僅曰若不能證吾言之非則須信吾言之是不可通也當佛徒之有所立言時邪蘇教家已有詰其理由之權利而顧無證佛徒之言之能立與否之義務使立言之證據不可得而聞畜爲疑案而不之信可也若使易地而觀邪蘇教徒者首先建議斥佛氏過去論之非則證明其所以非者之天職自在邪蘇教家而佛氏之徒無與焉以發言而冀人吾信自須證其所以然語云舉證之任在立言者此物此志也故在上例佛徒之答辨實爲不正之論卽使過去之存在與未來之存在果本一源而主張其一其他亦不得而拒否尸論證之任而須示其所以然者亦在佛氏之徒僅取論敵平生所言者而詰其短固不足以立己說人之與己或俱爲空談亦未可知以難彼者建我是與訐他人之罪爲自己犯罪之口實者將何

以異邪。他若政治之家。於異已者所建政策。叢摘其弱點。而自謂已足以倒之。亦屬此類。政策之弱點雖多。非有能補此弱點而壯之者出焉。其策自不得不見採用。是種推論。與窃變論點者凡皆於所宜論者不論。而論所不宜論也。要爲論旨相違之一種耳。

訴諸感情

窺取聽言者好惡愛憎之僻。以爲之隙。因乘間入之。冀我論旨之得立。是亦論旨相違之一種。（西語名爲 argumentum ab haminem 訴諸人之感情之意也）有某乙於此。將欲對之言某甲之爲不義事。而又無左證者足以實其說。知乙之憎甲也。乃極寫甲之可憎可厭可畏懼之狀。文致鉤納。備極其巧。使乙者聞之。不禁信甲之惡德。若有事實可徵。顧此實論旨相違之一種也。今所當論。非徒言夫甲之可憎可厭可畏懼之處。乃在夫甲之於此不義。果否爲之。不證明此。徒窺乙意旨而動其惡感。豈合法之論乎。凡演談家。其播弄聽象而利用聞者之感情。以伸其說也。多類此。

舉一二例證本不足以證明其論旨也而遂毫不以介其意若得此已足無須更求例證也者是謂論證不足之似而非推論

四論證不足

論證不足之一種爲隱蔽之推論便於已論者舉之不便於已論者則隱抑埋沒之冀吾說之得立信神佛之加護於人者惟於祈願如志之事牢爲記憶事之反對者則不置之目中其一例也

隱蔽

又有所謂前後卽因果之似而非推論者亦論證不足之一種見一事之相爲前後而生也遂謂其間有因果之關係服藥之後疾病忽瘉實其瘉也未必以藥而直以其效能歸之藥焉卽此類也

前後卽因果

似而非推論又有以比喩而生者如問陸海軍孰重於此而答曰陸海軍如車之兩輪鳥之兩翼故不可有所輕重卽其例也盖凡言故皆所以揭理由今答辞中故之一語則異於是車之兩輪鳥之兩翼是云云者非所以證陸海軍之不可有輕重特比喩也比喩之見承認也須在陸海軍之不可有輕重已經證

比喩

明之後今反以之證其不可有所輕重故實似而非者耳縱令所取之譬不僅爲文義之易明而與所論之事實有其類似之點然僅類似云云固不足爲充足之論據鯨似魚類設遂視爲魚類則謬妄之論也類推之論往往陷入於玆要亦論證不足之一種耳

引證

與比喻近者爲引證凡先哲格言古書之文辭乃至世間俗諺於扶持一論而立之皆非少無效用者而以爲唯一主要之論據則往往陷於謬以此皆可以意爲之解其意義不能無歧又或僅觀事物之一面而不可一切以應用之也如云好之則能工之（日本流語意譯之爲此）如彼人者其必工此是其推論卽以引證之故而入於似而非好之實非必其卽能工世諺不又曰愈不能者愈好之乎是亦論證不足之一種

立言漸進

證據本不足也而漸次焉使語意加强致聞者於不識不知之間若爲其論旨之得立者是爲立言漸進之似而非推論始據一理由而謂一事者或起亦未

可知繼非別得理由之可據者也乃易其語而使意加强曰此事恐起浸假而更强之曰此事大半起浸假乃遂强之曰此事必起聞者於無意無識之中亦遂信此事之必起而不知實非也凡人於一事之逐漸加强時常不加注意利用心理上此種作用而故爲長時之論述以襲人聞者不知往往爲所陷實亦論證不足之推論之一種也

據以上所述似而非推論之主要者可知其大概今括舉之別爲形式上者與事實上者之二種而因分列其各種類焉用滙特賴 whately 之例也其事實上者中曖昧語及離合二種亦得自形式上觀之(四語之似而非推論)故論理學家有名之爲半形式上半事實上之似而非推論者

- 形式上
  - 媒語不擴充
  - 不當擴充
    - 大語不當擴充
    - 小語不當擴充
  - 四語
  - 其他

- 事實上
  - 言意不同
    - 曖昧語
    - 離合
    - 不顧事情
    - 質問
    - 言辭輕重
  - 不當假定
    - 窃取論點
    - 循環論證
  - 論旨相違
    - 論點變更
    - 非難
    - 訴諸感情
  - 論證不足
    - 隱蔽
    - 前後即因果
    - 比喻
    - 引證
    - 立言漸進

第十二章　客語之附量

於命題客語通常不以量附之・然據形式論理學所論述者觀之・客語之有量

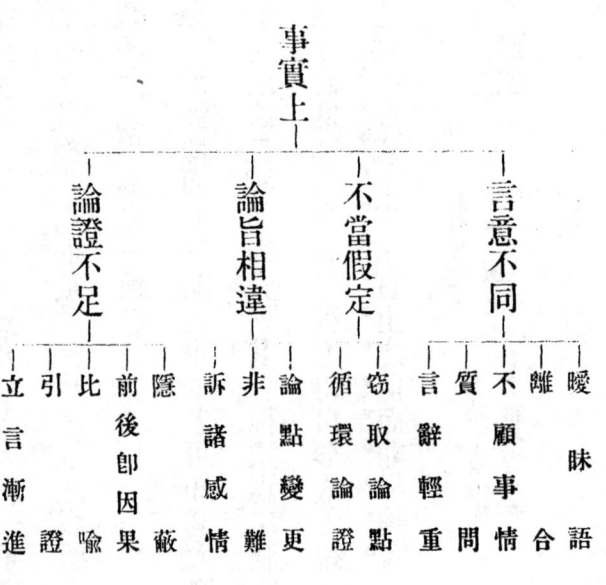

可言乃自然之結果「凡甲者乙也」解其意既爲凡甲者最少亦與乙之一部分爲合矣是與以中字附於乙而言其量者奚以別乎（譯文中以中字附乙云云原文爲以或字附客語之上顧東儒用或字與中國稍異其解凡例中己言之茲易以中字以見其爲乙中之物之部分之意而終不十分明顯幸高明者有以正之譯者誌）故在形式論理不第主語爲有量可言客語所表示既爲可指數之物附之以量自屬正當之舉近世論理家如哈蜜耳頓 Hamiltan 且以於客語附量爲論理學之一大改良矣今試於客語各以量附之命題種類都爲八種

一凡甲者居乙中之特定部分（原文直譯之則爲凡甲者或乙也顧或字用法東人與中人稍異直譯之有難索解且易生誤解者前己言之故明知其牽强累贅而姑譯爲今語）（元）

二甲有居乙中之特定部分者（亨）

三凡甲者非凡乙（利）

四甲有非乙者（貞）

五凡甲者凡乙也（旣）

百六十九

六甲有爲凡乙者　(啍)

七凡甲者不居乙中之特定部分　(唎)

八甲有不居乙中之特定部分者　(嗊)

論理運用之便

似此附客語以其量。非全無益者。凡三角形之等邊者。皆等角者也。凡等角者皆等邊者也。是二命題之意。若欲以一命題表之。用右之第五種(唲)則可無不達之故。然在通常命題。不附客語以其量者。則不能也。又如今英國內閣首相。唆爾斯別厘伯爵也云云。雖日常談論之語。屬諸此第五種者。亦復不少。又附之以量。主語客語。換位之際。其事乃極簡單。而可無謬。例如第四種之甲有非凡乙者。得直換其位。而曰凡乙不居甲中之特定部分。如是則爲第七種。(唎)通常命題之不以量附客語者。能之乎。論理學家。又有僅採用唲啍而謂唎嗊二種爲無實用。而不取之者。如陶慕孫 archbishop thomson 是。

陶慕孫

附以其量矣。而中字意義。宜如何解。自予思之。仍得以二意釋之。一爲僅其中一部分之意。一爲最少亦爲其中一部分之意。（此形式論理慣用之解釋）今先以第一意釋之。則第一種（元）第二種（亨）第三種（利）第五種（吭）第六種（哼）第八種。（嗔）其主語客語之關係。各僅有一。第四種（貞）第七種。（唎）其關係各有二。如左圖。

一　凡甲者居乙中之特定部分

元

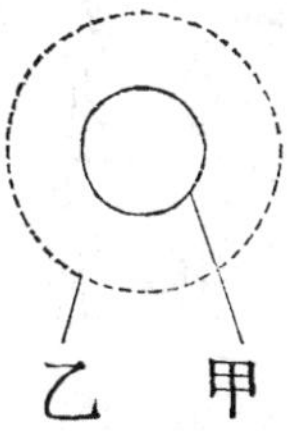

例如凡鳥者居生物中之特定部分

二　甲有居乙中之特定部分者

亨

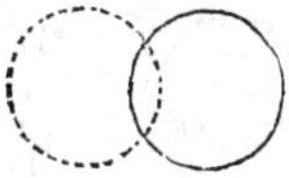

例如日本人有居佛教徒中之特定部分者

三　凡甲者非凡乙

利

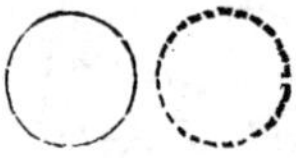

例如凡鯨者非凡魚類

四　甲有非凡乙者

貞

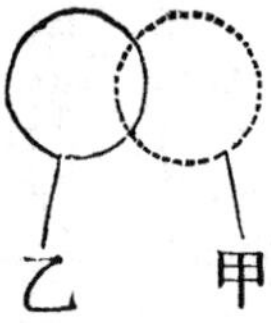

貞二

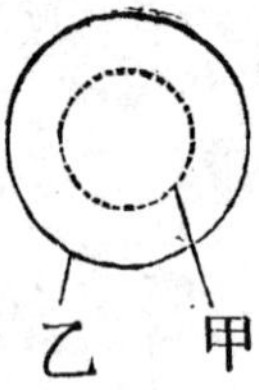

（例一）日本人有非凡佛教徒者

（例二）有死之物有非凡人類者（如牛馬是）

五　凡甲者凡乙也

吭

例如凡等邊三角形者凡等角三角形也

百七十二

六　甲有爲凡乙者

啍

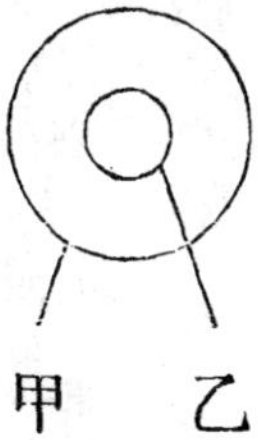

例如有死之物中有一部分焉盡人也

七　凡甲者不居乙中之特定部分

唎一

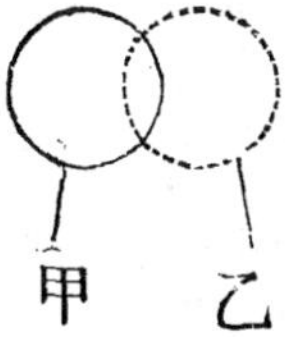

唎二

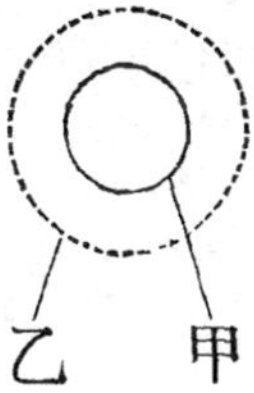

例一凡日本人者不居佛敎徒中之特定部分（如支那印度佛敎徒）

例二凡鳥不居生物中之特定部分（如牛馬）

八　甲有不居乙中之特定部分者。

嗔

例如日本人有不居佛敎徒之特定部分者

百七十四

元亨利吭哼嗊六種各一。（亨嗊其主語客語之關係實同特所以觀之者異耳）貞與利各二。都爲十。十之中其主語與客語全相爲合者一。全然相離者一。主語在客語範圍內者。與客語全在主語範圍內者。各二。主語僅以其部分與客語之一部分合者四。其次第如左。

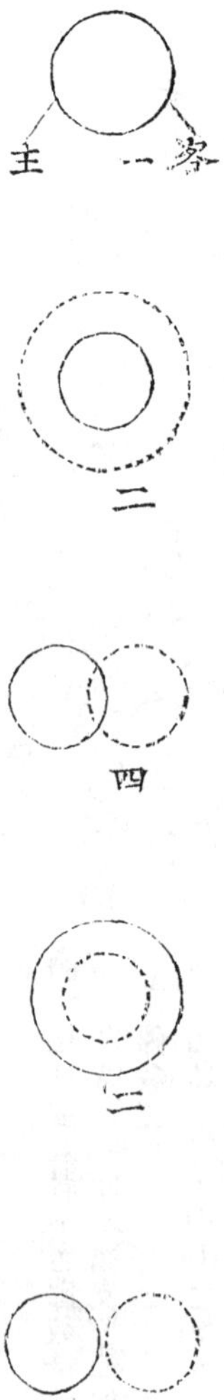

更以第二意解之。（即最少亦須有一部分）則主語與客語之關係。元有二。亨四。利一。貞三。都爲十。顧是於第二章已說明之矣。茲不再贅。吭一。哼二。唎三。嗊。則有四。都爲十。與元亨利貞四者同其數。茲特以圖示之如在。

最少亦須居一部分之圖解

更取如此解之吭啍喇嗩四種命題而賦之以對當之方形則如左圖

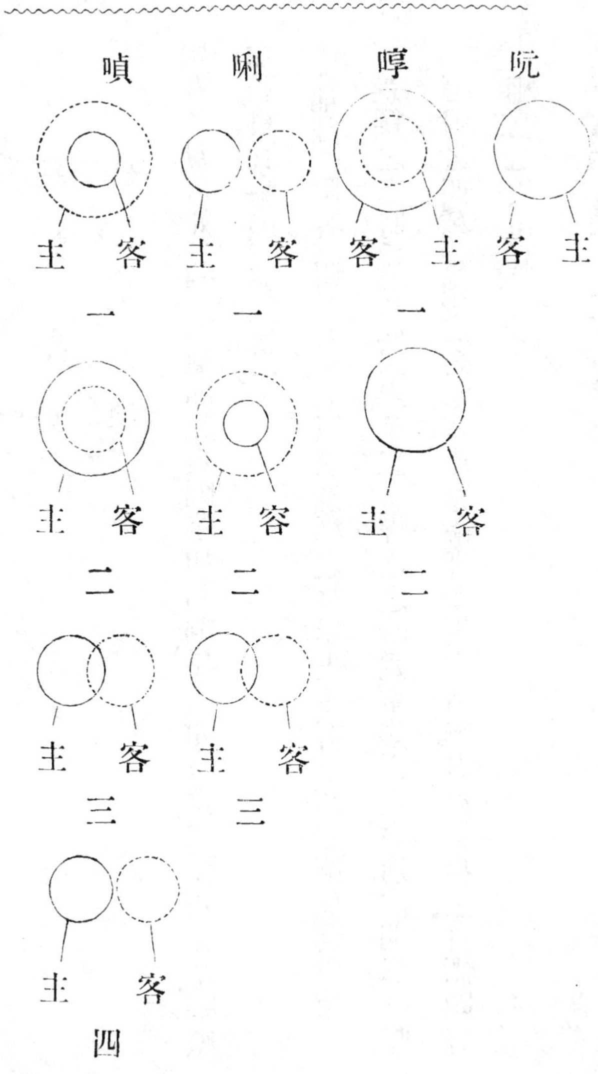

對當之方形

阮唎之對當如元利。阮嗔如元貞。唎哼如利唎哼。嗔如亨貞。阮哼如元亨。唎嗔如利貞。宜參第三章看之。

（補註）附客語以其量而以二意釋之。且示夫主客二語之關係。其以第一意釋之之時爲有幾。與以第二意釋之之時爲有幾。以及右所說明者阮哼唎嗔之四種命題之對當。皆歷來論理學書中所無者。玆揭出之。自謂頗有相當之價值焉。

論理學上卷 終

論理學下卷

日本大西祝原著
定州胡茂如譯述

第二篇　因明

第一章　概論

論理學之淵源

前篇既述泰西所謂形式論理學者之大意矣夫於泰西論理學之嚆矢肇自亞理斯多德此盡人而知之形式論理學之要領雖謂已備於亞氏之說無不可也而於亞洲則首基此學者爲印度人印度古代於哲學界樹有偉大之功績不後於希臘矣而於論理之學亦復自起爐鼎鑄爲一科故世所謂論理學者尋流而溯諸其源皆自希臘若印度人發之此外雖間有事關論理獨抒心得者顧皆不足以名一科有之則求厥由來盖無非得自二邦之人者矣

印度所構成者之論理學因明是也因明者實東洋之一種論理學與泰西所謂形式論理者頗相似從事斯學者彼此相參其所稗益決非淺鮮也今於形式論理之後取因明之大意而說明之論述之次旨在乎斯其於立言之順序儻無不適當者乎

二　因明之目的

因明者與聲明醫方明等於古代印度倶視爲一科之學而研究之其目的所在則明因是也何謂因所據以主張一論旨者是蓋凡立言人得以因何而爲此立言云云者詢之以求其因故將欲立言必須示其言之所以足立之理由而理由云者固非徒然必如何始足引爲理由而據依之乎討論此事卽所以明因也故夫欲論之正當其論式宜如何欲我論旨之能立宜以何等之言論出之取是等形式規則者規而定之皆爲因明之所有事質而言之則因明者一種之論理學是耳

夫因明者固一種之論理學矣顧其主眼所在非以講吾人所以自窮眞理之

方也。乃欲究明夫曉示他人而使悟我論旨之法。對一論敵欲爲正而確之言論。是宜以何論式者出之。是因明之主要目的。以其慣用語言之。其所重者在於悟他。而不在於自悟。於自悟雖非不問言之。而在因明則寧視爲附屬之物。較諸悟他之論。固遙爲粗确也。

印度於古代。諸種學派勃起。分爭論駁。各樹旂幟。因明之興。實於是時。而其專治此者。則名曰尼牙耶學派。顧彼時所謂因明者。其形與今異。今之因明。蓋歷數多之歲月。而後形成其如是者也。因明家叙其發達之歷史。通常別爲二期。而有所謂古因明新因明者是已。

古因明爲足目所創。足目者不知其何時人。因明大疏言其生時在劫初。顧此特以見甚古之意。畢竟爲何時代。不能定也。自足目創爲因明。後歷許多年歲。經數多學者之手。漸次發達。迨及陳那。乃更大改良之。陳那以前者。曰古因明。陳那所改良者。其弟子天主又少補苴之。是曰新因明。（陳那者釋迦滅後千年頃人）

三

新因明以後因明無顯著可稱之進步。凡今日佛氏之徒之所講論，概皆以陳那氏爲準繩而解釋之。用力雖甚勤，僅襲遺迹而已。

四

（補註一）佛教家久以因明爲其教學之一部，而講之於古代印度時，其稗益於此學者，蓋非淺鮮。最盛者則陳那天主，乃至爲此學開一新生面也。陳那所著有因明正理門論。其弟子天主又敷衍陳那之旨，著因明入正理論，冀使人易解。於支那又有因明入正理論疏（卽因明大疏）一書，乃慈恩大師解釋天主之書以成之者。凡此皆新因明書之最可信據者。治此學者，以此數書者爲重要也。按因明大疏，其於因明入正理論六字，揭有五種之解釋。佛書訓義，雅慣煩瑣。今不取。聲明者所以明音聲之規律。醫方明者，所以明醫術。因明者，則所以明因。以此釋之，已足。且最其正當者也。因之一語，於佛書亦復義訓䄸多。今亦不取。但釋爲立言之所據，若理由足矣。至別因之義而爲六因，入後當言之。

（補註二）形式論理其主眼所在亦爲定立論之法式與因明正同顧不立自悟悟他之區別自審其議論之正否時與以已論曉示他人時皆循其所立之規則所置重者爲何則無可言者也此其與因明特異之處至二者異同入後當更詳言之

（補註三）亞理斯多德之三段論法與因明之論式頗相似故學者有以亞氏論理說其源爲導自因明者夫印度古代之學說其影響及希臘者果如何此則學者各異其所見然要之希臘末期之哲學界有印度思想者襍入其中實無容疑但謂前乎此者已蒙被其影響則有難確定者耳謂亞氏論理學說有所負於印度者亦特以其相似之故而臆揣其若是於史固無可徵也

第二章　古因明（五分作法及九句因）

因明論式之完成者爲新因明顧欲知其論理之眞相須審其所自來蓋新因

明者．雖改良古因明而成．而其要義．則謂已具於古因明之中亦無不可．今先述古因明之大要．以觀夫新因明者之何自胚胎而成．其於治此學．實一要務也．

欲知古因明之大要．須先明五分作法與九句因．以其論理．盡含於二者之中也．今先取五分作法而說之．

古因明論式．分五段而作．故名五分作法．今揭因明大疏所載因明家慣用之例以示如左．

宗　聲是無常．

因　所作性故．

喻　譬如瓶等．

合　瓶有所作性．瓶是無常．聲有所作性．聲亦無常．

結　是故得知聲亦無常．

於解右例趣意。須知古代印度聲論派與他學派之論爭。聲論派曰。音聲常住。有永久不滅之存在。勝論等派曰。音聲無常。以因緣而生滅者也。右例乃勝論派所以駁聲論派者。

右例。最初一段曰宗。其下以次而因。而喩。而合。而結。宗者立言者意旨之所在。乃議論之主題也。聲是無常云者卽立言者所主張之宗義首宣揭之。以爲彼我間議論之標的者。顧主張之矣。而爲論敵所弗首肯。則立言者須示其所以主張之理由。是爲因。第二段所作性故云者。卽尸此以聲之起也。由於因緣之和合。而有所作性。本是以爲其無常之理由。因以立其宗也。然而以聲之有所作性。爲其無常之理由矣。而僅漠然以言之。固不可。須有物焉。實爲有所作性而無常者以證之。則喩是。第三段譬如瓶等云者。所以揭其例也。夫有其理由矣。更取譬喩於一物。而實證此理由。使爲論敵者。據現有之事實。而悟夫聲之以所作性而無常矣。至此惟有引瓶等與聲而合之。以見夫後者之爲物。其所作性與無常之關係。與前者正等。故第四段合之曰。瓶有所作性。瓶是無常。聲有所作性。聲亦無常。過此以往。則議論已定。而可有以結之。第五段是故得知聲是無常云者則所以結其說也。

由是觀之古因明之論法建立一因更實證以現見之事實以論及於論敵所不承認之事而使之承認者是也謂聲之以所作性故而無常矣而物之以所作性而無常者於何知之於瓶等之實例知之瓶等者加人巧於粘土因緣和合以成其如是其來也有其始其究也將必以破壞碎裂者爲之終此在論敵亦爲所不能不承認之事而既承認此則聲之無常正與此同勢不能更深閉固距排斥之而不納其說也古因明之論法如是今試更卽金剛石之爲可燃物而以五分作法論斷之如左。

宗　　金剛石可燃。

因　　炭素物故。

喩　　譬如薪油等。

合　　薪油是炭素物薪油可燃金剛石是炭素物金剛石亦可燃。

因尤重

結　是故得知金剛石可燃。

右例以炭素物之故。知金剛石之可燃。顧炭素物之可燃。徵之何例而知之。使於實際非有物焉以其爲炭素物之故而可燃。不得僅以金剛石爲炭素物。遂斷其爲可燃也。故須揭薪油等喩爲實例以證之。

然則五段之中。最要者爲宗因喩。合與結特擧前三者所論之關係而更明言之耳。非甚不可缺者。陳那所以能簡其論式而爲因明特開一生面以此也。而宗因喩三者之中。尤重者爲因。論之能立與否。胥視因之正否而決。玆有當注意者。論式中第一段聲是無常云者。是謂宗矣。而有時指聲是無常云者之全句爲宗。有時僅指其句之主題之聲之一語爲宗。因喩亦然。以所作性故云者之全句爲因也可。以所作性之事物爲因。亦可。喩則指譬如瓶等云者充之也可。僅指瓶等以爲言。亦可。意義有二。至出於何一。則惟相其發言時之關係以定之耳。

何以知因之正不正乎。更卽上所擧論例以言之。則所作性云者。其足以爲聲之無常之理由也。何所據而知之。炭素物之足證金剛石之可燃而無復缺陷。又以何故。擧瓶等若薪油諸事例以證之矣。而僅此固不足。如左例者。亦非不能舉數多之實例以爲喻也。如云。

宗　鯨是冷血動物。

因　住水中故。

喻　譬如鮫等。

合　鮫住水中。鮫是冷血動物。鯨住水中。鯨亦是冷血動物。

結　是故得知鯨是冷血動物。

是於形式。因與喻固皆備矣。而以斷鯨之爲冷血。則不免陷於謬戾。鯨於實際固溫血而非冷血也。然則以所作性云者爲之因。而聲是無常之說足以立。以住水中云者爲之因。而鯨之爲冷血。乃不能斷言。其故何邪。在彼爲可揭瓶等諸事例以爲之證。在此又非不能舉鮫鯛鮪等數多之事例以證之也。其所得者。一眞一妄。又獨何也。可知僅舉數多之事實以爲之證。固自不足。而欲因之正。須遵何術以出之。因之正與否。更何所據以判之。此必有其術焉。須進而究

九句因 同品異品

明之者也。

九句因者乃以覘因之如何而正如何而不正者也有同異二品焉相其因之對此二品者之關係而因之正與不正可得而判何謂同品有物焉於事之持以謂宗之主題而欲證其爲如是者而亦有之是爲同品何謂異品物之不具此事者是云聲是無常聲者主題也無常者持以謂主題而欲證其爲如是者也其物之具此無常之性質者則同品也物之常住而不具此無常之性質者則異品也因之正者其與異品須無闌入之處凡物之異品者其於此因須毫無所有如以所作性云者爲之因而用推論夫聲之無常使其因而爲正確則必物之異品而非無常者毫不具所作性焉始可若使非無常者之中而或有一物焉具所作性則不得以聲之所作性故斷言其無常以非無常者物中既有具所作性則具所作性者之聲或非無常而爲常住亦未可知故欲因之爲正因以確立其宗非其於異品之中毫無所存在焉不可也其於同品則附麗

十二

之而最少亦須有所附麗而存乎其中自非然者則是因者乃不足爲據以論定其宗也何以言之使物之同品而無常者全不具所作性則聲之爲物有所作性雖得確知不得以此斷其無常蓋以所作性故論聲之無常須有物焉爲之實例而聲之爲物今方爲爭點所在自不得爲例設於聲以外諸無常物全無所作性獨以此故謂聲無常將何所據邪故欲因之爲正因則其於同品之中必須有所附麗而存乎其中始可也夫於同品之物是因者無一不與爲麗固甚善也而亦非必若是焉始可以炭素物之故而謂金剛石之可燃非必凡可燃之物皆在炭素物之中雖炭素物以外更有可燃者存無礙也以生物之故而謂人非常住之物非必凡非常住者之物盡須爲生物生物以外有非常住者如土器等亦自無礙也但使是因云云者與同品之物相爲附麗則勿論其盡與爲附麗乎抑僅有所附麗乎其因皆可爲正因也然而正因云者僅其對於一品者之關係正焉不可也對於同品其關係正矣而其對於異品須同

時俱正其因始正以住水中云者之因所以不可斷言夫鯨之冷血者無他以其對於同品之關係雖無不正之處而於異品則不正也住水中云者之因與同品之鮫鯛鮪等固相爲附麗矣而與異品之海馬等亦復可通海馬雖住水中而實非冷血鯨屬於海馬之部類亦非冷血而實溫血僅正夫因之對同品之關係而置異品於不顧焉不可也故夫因之正者僅有二焉一則於異品之中毫不存在而物之同品者則盡與之爲附麗一則於異品之中毫不存在而物之同品者則有所附麗有所不附麗越此以往皆其不正者也因對於同品異品二者其關係凡有九九者之中孰正孰不正判此者是曰九句因是九句因者實舉一切之正因與不正因而盡之如左所揭其曰同品有者言同品物中之盡有此因者存也曰同品非有者言同品物中之毫無此因者存也曰同品有非有者言同品物之或有此因者存或無之也其異品有異品非有云者義同此可類推

因對同品異品關係有九

一　同品有．異品有．　不定
二　同品有．異品非有．　正
三　同品有．異品有非有．　不定
四　同品非有．異品有．　相違
五　同品非有．品異非有．　不定
六　同品非有．異品有非有．　相違
七　同品有非有．異品有．　不定
八　同品有非有．異品非有．　正
九　同品有非有．異品有非有．　不定

因之對同品．或有．或非有．或有非有．其關係有三．對異品亦然．更以此等相配．則都爲九種．如右所列．因與同品異品之關係．盡於此矣．九種之中．因之正者僅第二與第八．他皆不正．今且一一檢之．（聲者常住乎．將無常乎．此因明慣用之論例．今取便說明．所揭之例異是．惟第四第

十四

五第六三者．仍從慣用也．又左所揭圖解．亦從來因明家所無．今特設之．俾人易解．

第一因於同品盡行存在於異品亦盡行存在因處双方物之爲宗之主題者．屬同品乎屬異品乎乃不可決定例如云

宗　人是有死．

因　存在物故．

有死之物．(同品)與不死之物皆存在物．(因)禽獸蟲魚等有死者也金石等物．不死者也．其於存在．厥惟一致存在物云者遍通於二者．執以斷人身之有死．自無効力也．故以此等爲因於所主張之論旨不能決定於其反對亦復不能決定．二者何居．皆不能定．是之謂不定之過．以圖示之如左．

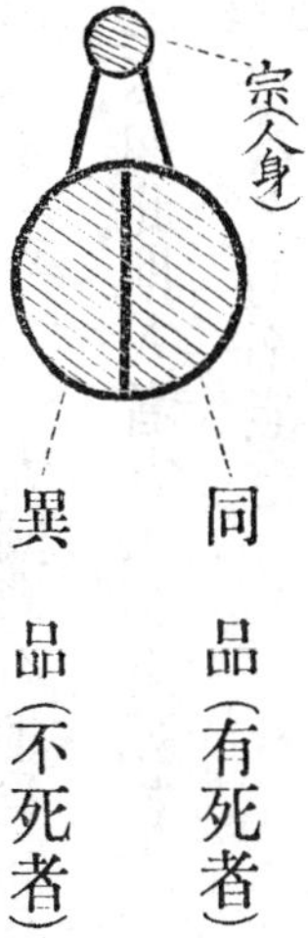

不定過

十六

右小圓形爲宗。（在上例爲人）大圓形右半爲同品。左半爲異品。中施斜線。以示因所存在之處。如此則人者宜入諸有死物之部類乎。抑入不死物之部類乎。據斜線（即因之所在）言之。乃不能定。

第二句

第二因於同品盡行存在。於異品毫不存在。例如云

宗　人是有死。

因　有生物故。

有死者皆有生者。不死者皆無生者也。有生之物。無不有死。故以人之有生。得斷定其有死。因而如此。因之正者也。以圖示之如左。

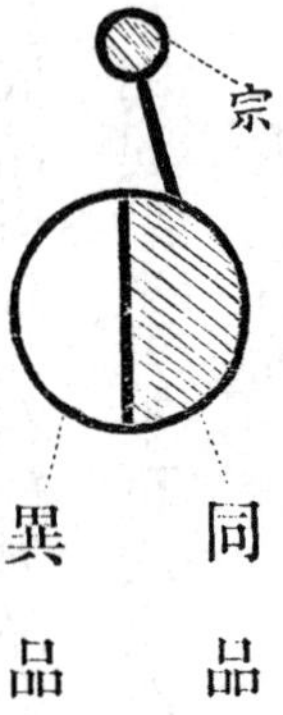

正

斜線毫無闌入於異品者。故宗與異品。亦自無關。得屬之同品之部類。

第三同品有異品有非有因雖存在於同品之全部分而於異品之中亦有所存在故以此因斷定夫宗之孰屬也不可因於同品盡行存在其於異品僅有所存在物之具此因者其對同品之關係較對異品固自少強然異品之中既或具此因則於此而有具此因者之一物自難斷言其不可入諸異品之部類如此則論陷於不定之過矣例如

宗　人是有死

因　有形體故

生物之有死者固盡有形體然不死之物如虛空等雖無形體而如金石等雖可破壞而固無生又無死且有形體以有形體云者為之因則宗與同品異品二者俱有關係不能定其孰屬也如左（凡在此等例死之一語較破壞其義為狹）

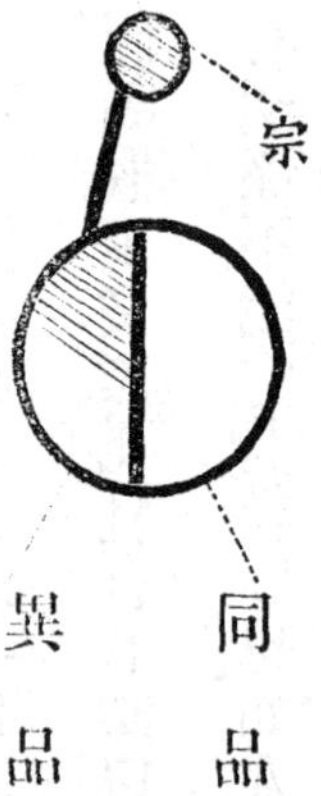

不定過

第四同品非有異品有品於同品之中全不存在而異品之中却盡見其存在焉是所主張論旨全然相違最終結論適得其反耳是謂相違之過例如云

宗　聲是常住

因　所作性故

是其因於異品盡見其存在而於同品全不存在無常之物悉待因緣以生而具所作性而常住者則無一具所作性者也故以所作性云者爲之因最終所決定者適見其反而爲聲之無常如左圖

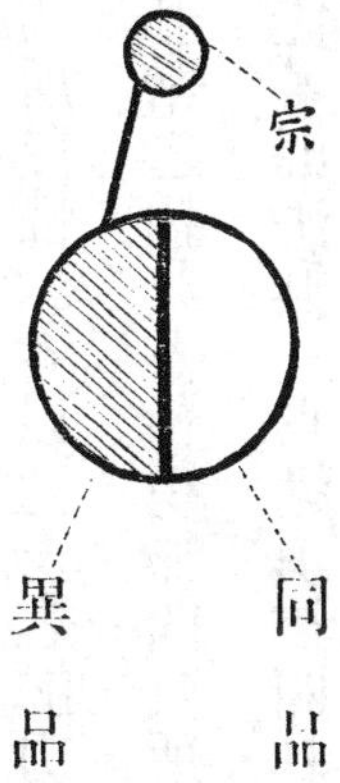

相違過

第五句

第五同品非有異品非有因既不存在於同品并不存於異品故以此因斷宗之屬於同品若異品俱不得也例如

宗　聲是常住

因　所聞性故

右例所聞性云者不存在於聲外之物設於聲以外而有物焉或爲常住抑或無常具所聞性則以所聞性之故或可以斷聲之爲常住與爲無常而無如此種實例乃絕無之任何等常住之物（異品）任何等無常（異品）之物使其非聲則耳不可得而聞故以此因斷聲之爲常住不可斷聲之爲無常亦不可也是亦陷於不定之過如左圖

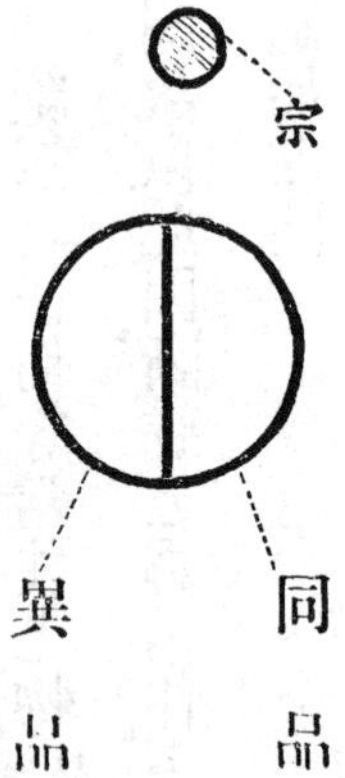

不定過

二十

第六句

右圖所示宗與同異二品俱毫無聯絡欲定其孰屬又焉可得乎

第六同品非有異品有非有因於異品雖不盡見其存在而於其中固有所存在其於同品則全然無所存在焉故以此爲因宗不能屬諸同品之部類其於異品却或屬之所得論旨適見其反相違之過復見於玆例如

宗　聲是常住

因　勤勇無間所發性故

勤勇無間所發性云者以意志之働力而發現如吾人之行爲者是實無常之物也但無常之物非盡勤勇無間具所發性如雲之走電光之閃其例也然至物之常住者則決無一焉勤勇無間具所發性以物之以意志之働力而生者

其來也有其始其存在也亦自有其終無常住之理也以圖解示之如左

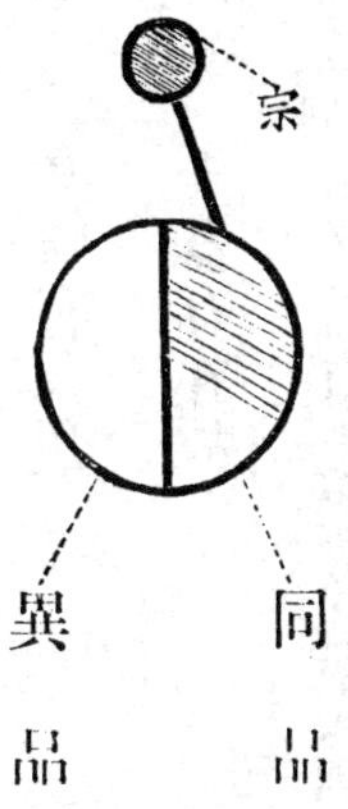

相違過

第七句

第七同品有非有異品有非有因之爲物居同品異品之雙方於後者則盡見其存在於前者則有所存在似此之因於同品異品之二者宜孰屬乎不能定也是亦不定之過例如

宗　某處無烟

因　有火故

有烟之處異品必有火氣有火氣處未必有烟故無烟之處可有火氣亦可無火氣如左圖

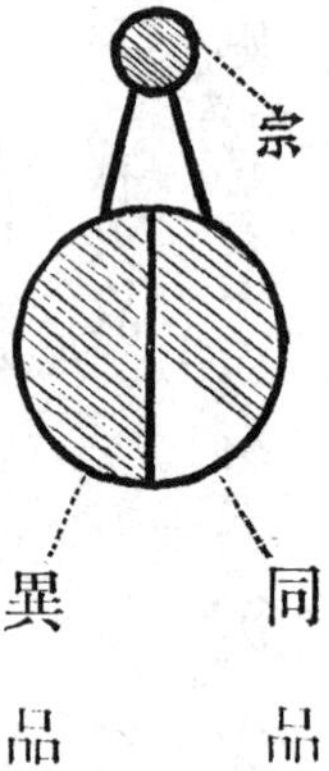

不定過

第八同品有非有異品非有因於異品之中毫不存在於同品則有所存在於此際宗與異品毫無關係其相關者祇此同品故所主張之論旨可得而決定也前言正因有二此實居其一如云

宗　某處有人類

因　土器存在故

有人類處（同品）未必盡有土器然無人類處則決無土器故以某處之有土器可斷其有人類也如左圖

第八句

第九句

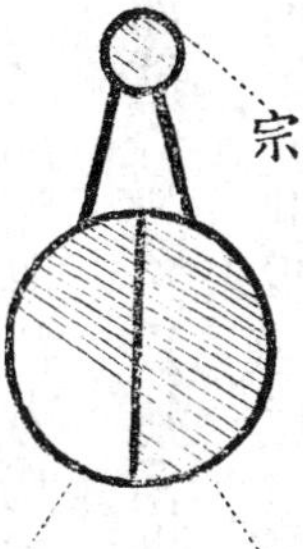

正

第九同品有非有異品有非有因在同品或有或無異品亦然是則陷入不定之過不能決其孰屬如云

宗　某處有洪水

因　連日大雨故

有連日大雨而無洪水之處又洪水之生非必果以連日大雨爲之因其他原因如海嘯等亦足以致洪水也如左圖

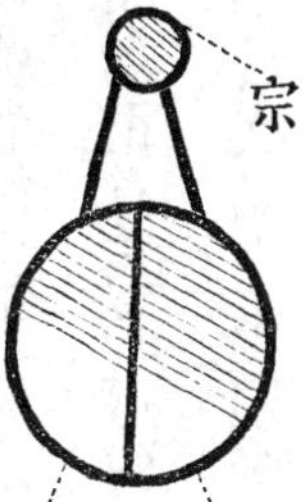

不定過

通以上所述者觀之九句之中其二無過其二相違餘五皆不定也

嚮言欲因之正有二必遵而不可違犯之條一則於同品之中最少亦須有所存在一則於異品之中須毫不存在焉是也然在五分作法之論式是第一條者完滿無缺時固甚明白矣而第二條之完滿與否則無以表示之以前所揭論例言之則既舉瓶等之喻爲其所作性而無常者之實例是因之於同品物中最少亦有所存在大可知矣而其於常住之物異品毫無所存在則未明言惟其未明言故僅循形式而揭譬喻仍不可以斷定其宗此古因明論式不完全之點也新因明式起則有以改正之而明言其故矣

宗與同品

（補註）所謂同品者之中含有事物之爲宗之主題者乎曰否蓋宗之宜歸諸同品之部類與否方爲論爭之點若同品中既含有之則此論直辭費也今欲如欲論聲之爲無常則無常云者同品也聲之宜入諸此與否乃目前兩造所爭使其爲物已含於同品之中不待問其對異品之關係果爲如何

而其爲無常已可決定矣。故九句因中其第一第二第三所云同品有者。皆不可及於爲宗之聲。而聲之爲物。須暫置諸謂同品者之範圍以外。凡於相因之存在與否時。其所謂同品之全體者。皆摘除夫宗之一事物者。以爲言也。執此之故。而以因之悉行存在於同品之中。且幷存在於聲（宗）之爲物之中也。遽斷定聲之爲無常。亦自不可。蓋聲（宗）既不含於同品之中。則不得僅據因之對同品之關係。而斷其爲正因。於同品悉行存在矣。而使於異品中亦有所存在。如此則非無常者之物（異品）或具所作性之因。聲雖具所作性之因。未必遂果爲無常。而或在常住之例。非於其對異品之關係。兼覧幷計之。遽以之爲無常。仍不免於斷之武也。九句因之檢因之正不正也。相其對同品之關係焉。更相其對異品之關係焉。二者俱合。因始得而言正。正以是故耳。

以上所論。乃因明家所自明言。無容疑詰矣。而宗之對異品其關係又復如何則。有宜大深思者。仍以上例言之。則無常之物。雖曰同品。而以宗之方爲論爭之點。乃姑置諸其外而除之矣。而於非無常者之異品。則又如何除之乎。抑不除乎。聲之爲物。無常與否。尚未可知。介於二品之間。方爲兩造所論爭。含諸無常者之同品中。固自不可。而含諸非無常者之異品中。固亦不可也。

今使除之。則所謂因之爲物。悉不存在異品之全體者。自不得以悉不存在於非無常者之物之全體者解之。以聲之爲物。既暫見除。而其無常與否。方未可知。使聲而無常。則是非無常者之一。爲見摘除。如此。則謂因之悉不存在於非無常者之物之全體焉。不可也。更約言之。則摘除聲之一物者。其意義固自不同也。

今且不除之乎。如此既謂因之爲物悉不存在於異品之中。則凡物之具有此因者。固無屬乎異品之理。而其因爲正因。何者。因既不存於非無常者之範圍中。具此因者。自不可不入之無常物之範圍中。常住之物。既無一焉。或具此因。具此因者自必皆非常住之物。聲既具此因。聲亦不可不爲無常之物。是固然矣。然使如是。則如九句因中第五所謂同品非有異品非有者。又將何以處之。吾恐作如是解時。第五一種。將不可得而有也。奚以明其然也。

於第五因之爲物毫無存在於同品者幷無存在於異品者相爲附麗而存在焉者惟宗耳今若於異品之中一無所除謂物之非無常者絕無或具此因則凡具此因者自必無常而以聲之具此因也又可斷言如此則所謂宗於同品異品二者一無所屬乃萬無可能之理以同一事物無常焉且非無常焉其事爲不可設想者也今夫以別異之眼藏自其別異之關係以觀一物則是一物者非無常且非非無常固非遂不可得有之事矣然是以所以觀之者異故異耳使其不然是同一事物者斷無能有非無常且非非無常之理假其能有則吾人思想之規律將掃地以盡矣故有甲於此旣謂其非如是且謂其非非如是必所以觀之者異焉使甲同此甲所以觀之者又同則是甲者或非如是或非非如是二者將必居其一而且不能幷居其二泰西論理學家所云不容中之原理者此也且第五之一種所以能不屬於同品且不屬於異品者以宗之除於異品之外耳雖卽所所聞性之因（第五句論例參

照）於異品毫不存在顧是異品云者雖指非無常者之物實與之異非謂因之全不存在於非無常者之物中（謂因不存在於異品與謂因毫不存在於非無常物意不同前註參照）聲之爲物無常與否方在論爭其究也或入於非無常者之中亦未可知如此則聲於非無常者之物亦自爲有所存在以聲既除諸異品之外使聲而果非無常而因存於聲自爲存於非無常之物者也今既於凡所有之物一無所除而以凡非無常者之物（異品）無有一焉具所作性然則具所作性之因者之聲自不可入於非無常者之範圍既不入乎此則自必入於無常者之範圍如此則第五之不屬同品并不屬異品者安可得而有乎此不除之之難也毋已則除之乎仍以上例言之無常者爲同品非無常者爲異品主題之聲既暫置諸同品之外矣并暫置諸異品之外而除之又何不可之有且如是不將能得九句因所說之眞意耶然而更有難焉設如是解則九句因中之第二與第八嚮所視爲正而無過者將不能確樹其宗而毫無可疑之處今

試卽第二之一種觀之。第二。同品有。異品非有。第八。同品有非有。異品非有。使第二不能確定其宗。第八之不能確定。亦自不待言。以第八之有非有云者。僅一部分。爲第二所包也。故今專言第二。是其因之爲物於同品悉見其存在於異品毫不見其存在具此因之宗似宜入之同品之中無待於躊躇矣然同品與異品二者旣皆摘事物之爲宗者而除之則以宗之具此全行存在於同品而毫不存在於異品者之因難遽確言其宜入於同品之中而保證其無誤宗之一物或獨爲例外亦不可知雖什而八九不至有例外焉而以言例外之必無則其斷猶不免於武也今且以乾坎艮震諸字代表同品之全體同品云者詳言之則乙之一事件之同品以巽離坤兌代表異品之全體以元代宗以甲代因以乙代所主張之事件而以圖示之其關係自見如左

巽
非甲　非乙

離
非甲　非乙

坤
非甲　非乙

兌
非甲　非乙

如左圖以因之存在於元遂斷其必與乾坎艮震者同爲乙焉可乎不可乎元之爲乙果無毫厘之可疑者存乎在乾坎艮震之範圍凡甲皆乙在巽離坤兌之範圍凡非甲皆非乙而在元之一物則甲矣而未必乙或爲非乙乾坎艮震之代表同品之全體者任其數至於如何之多而既除元之一物則不得謂凡甲者乙也而直行斷言以元雖甲而或非乙也巽離坤兌之代表異品之全體者任其數至於如何之多而既除元之一物則亦不得謂凡非甲者非乙也而直行斷言以元雖非非甲而或非乙也故自因之對同品之關係而觀之不得以其甲也而斷其盡乙自其對於異品者觀之不得以其非甲也而斷其非乙夫使凡甲者皆乙也凡非甲者皆非乙是二語者而可

得斷言其於決定夫宗也固自無可疑詰而又奈其不能何邪甲也不可謂其盡乙非乙也不可謂其盡非甲元雖爲甲其爲乙也又焉得而確言之然則同品有異品非有之際宗之爲物仍爲不可得而決定不已可知乎今夫元(宗)之一物即摘而除之而以舉宙合所有之物凡其中之甲者皆乙非甲者皆非乙也元者以其甲也而乙之固大概可推而不至有誤然不得云無容分毫之疑元之爲物在天地之間獨成一無比類之例外亦未可知縱是無比類之例外未必即有而僅據因之對同異二品之關係固亦不能斷其必無也由是觀之此除之之難也欲祛此難以確立其宗則須明言夫凡甲皆乙凡非乙者之皆非甲能如是者則惟新因明之三支作法矣

(補註二) 若使於同品及異品之中皆摘宗之一物者而暫除之如此而據因之對同品及異品之關係且得以確定其宗之所立言則如本章前所揭鯨非冷血動物之論例又將何以處之將謂是以異品之中偶有具有此因

者之物故其論理不正確乎然使異品之中而絕無具此因者之物則以住水中云者爲之因豈遂足以斷言夫鯨之爲冷血者以海馬等之住水中而非冷血也故鯨雖住水中而可非冷血然使無海馬等爲之例將如何使鯨而外之物住水中者無一焉非冷血動物者將如何從因明之論理則不得不斷言夫鯨之爲冷血矣而鯨之爲物雖住水中而獨非冷血不可得而如是以立言者又何故邪鯨於實際非冷血動物無海馬等爲之例鯨亦自非冷血而可獨成其一是也要之於同異二品之中既摘除夫宗則據鯨之對同異二品之關係而斷言其與宗所主張者之事件有必然之關係焉自不能盡免於非耳

(補註三) 九句因者所以判立論之正否之規律也從因明家言苟以九句因中所謂正因者爲論據其論旨乃自不可得而動闘欲有破此論旨者適以見其自陷於過誤耳世所傳足目所論之十四過類卽所以指摘夫駁論

之誤謬而類別之者。顧此要不過更以九句因之應用說明九句因。茲不具論。

第三章　新因明之論式

新因明之所以起。據以上所論述。當自可知。蓋古因明論式。徒揭若干之事例者為譬喻而僅據其論式之表面。尚不足以決定所主張之旨。欲確決其論旨必待明言夫凡具此因者之悉屬於同品始可。此據九句因所言已可推而知者也。而新因明實有以明言夫此。今揭其論式如左。

宗　聲是無常

因　所作性故

喻　諸所作者見彼皆無常。譬如瓶等。

右論式第三段中。諸所作者見彼皆無常云者。卽所以明言凡具此因者之悉屬於同品也。使於聲之有所作性而承認之。且於諸所作性者之皆無常而承

三十四

喻体與喻依

認之則於聲之爲無常亦自不得不行畫諸如此則宗之能立有無容分毫之疑詰者矣

以新因明論式與古因明較其相異者首在於喻古因明僅以譬如瓶等云者爲物之具所作性而無常者舉若干之事例耳新因明則於此上更有所加而曰諸爲所作者見彼皆無常是爲由二部分而成矣其前一部分（諸所作者見彼皆無常）名喻體後一部分（譬如瓶等）名喻依所作性與無常之關係（即凡所作者皆無常之事）爲喻之軸心骨髓以聲之有所作性而得斷其無常者以有此關係也其在喻中爲最要之處質言之則實其體也故名曰喻體瓶等云者特事例之表示此關係者有此事物而此關係爲得其所歸宿質言之則此關係之所依以存在者也故名曰喻依喻依與喻體並置而別構一種之論式焉陳那之新因明與古因明異處其最重要者在此

次則新因明論式之與古異者其作法之簡也古因明分五段而作而其合結

喻依之用不用

二段於論旨之立非必不可缺者特取前三段之所已言者而反覆重言之耳陳那省之而僅以宗因喻三支者組爲論式故以此於古因明之五分作法名之曰三支作法陳那之所改良以右所述二者而止而以此觀之亦可見新因明之爲由古因明脫化而來者矣

（補註）於論旨之立也喻依果爲必要而不可缺者乎不揭諸論式之中不可乎喻體爲物仍宜以喻名之乎此疑難之端有待於論辯者也

既承認夫聲之有所作性既承認夫諸爲所作性者之盡無常於聲之無常自不容不盡諸然則論式之中苟因與喻體二者而俱備則宗已足立而無所缺新因明之所以更有喻依者何故耶竊思之喻依之用乃以示喻體之所依喻體既見承認喻依自可不言所以設之者不過以見喻體於事實爲有根據而必須承認之耳其爲有用之處僅在於玆越玆以往毫無不可缺之處故宗之立也喻體所關與喻依所關輕重實不同有喻體而宗已可確

立喻依特以示喻體事實上之根據詮索喻依以證喻體更本喻體以之立宗其關係蓋如是也若使不如是解則喻依之於論式中無其用矣至喻依者何以詮索之以證喻體於後論因之三相時自可得之要之三支作法中喻依之如瓶等云者雖得爲事例而非以此二三之事例者代表一切應詮索之喻依使其然也則喻依將不爲用何者使爲論敵者承認喻體更何待喻依若其不然僅舉此二三實例者冀其承認又豈能然瓶等之二三事例雖具所作性而爲無常而推此之故遂可謂所作性者皆爲無常乎此據因明所說而不得知者也故使解喻依之意謂得此二三事例而已足無須更詮其他則喻依無用矣

喻體云者仍宜附以喻之名邪喻必有其所喻之物凡所作性皆無常也云者其所喻者何邪於古因明喻爲譬喻之意是誠當耳新因明之喻體云者決不然瓶等可謂爲宗之譬喻若所作性與無常之關係力且爲第三支之

主要部分豈得謂喻而仍謂之喻者無他坐新因明之脫化自古因明之故耳蓋古因明第三段以喻名之乃當然之事新因明之第三支特取古之第三段而以諸爲所作性云云者加之故仍襲古因明之用語而以喻名之而欲區別其前後之二部分乃又設爲喻體喻依之名實則第三支者已無譬喻之性質而云云者特古之遺物也若使新因明者自我古作不因前人自無以喻命之之理輓近學者或代喻體以理喻之名代喻依以事喻之名喻依本爲個個之事物以事喻代之雖無不可而至理喻之名則亦未見其適也凡所作性之皆無常理耳是理者實舉凡具此所作性之物而通貫之豈獨爲其中之一之聲之喻言理已非喻而喻之無一可者也要之可以喻名而無不正之處者惟第三支之後半而後半者亦復謂爲前半所言關係之所依也可謂爲喻之所依則不可僅可名喻不可名喻依此外則謂之喻俱不可也若使必不得已於第三支而仍用喻之名則毋寧仍以喻體名其前

半以喻依名其後半所可疑者則第三支之本不可以喻名以新因明論式所重者不在第三支後半取不甚重要之處以爲名實大有難安之處耳

第四章　宗之分析

前陳後陳

宗依宗體

宗之爲物爲兩造之所論爭矣顧論爭者非單獨孤立之語乃指一事物而謂其如是若謂其不如是云云之一立言也一立言之成也必以二部分一爲所指之事物一則所以謂此事物者語之指此事物者爲前陳語之所以謂此事物者爲後陳聲是無常云者聲前陳也無常後陳也金剛石可燃云者金剛石前陳也可燃後陳也鯨非冷血云者鯨前陳非冷血後陳非冷血云者之一事乃以謂鯨之一物也前陳後陳之未相結合者是爲單立之語名宗依結合之而成一立言者名宗體何謂宗體今試問兩造所爭者之本體在於何處則非單語之聲抑非單語之無常結二單語者而合之曰聲是無常是乃爲兩造所爭論之體也故曰宗體何謂宗依今且求夫宗之爲立言也何所依而成將見

前後陳之三重關係

其以前陳後陳二者而成然則前陳後陳宗之所依以構成焉者也故曰宗依宗依如瓦石宗體則積瓦石而成者之壁壘壁壘之成取材瓦石而其能堅固與否遇風雨之擊能無倒壞與否則視所以累積之之方爲何如也故論敵所駁擊者非宗依乃積宗依而成者之宗體立論者之所主張者亦然若夫宗依則不獨立論者認其如是卽爲論敵者亦不可不承認之何者使曰聲曰無常是二語之意義兩造皆不解其爲何豈有能本此以建一宗之理用論敵所不知其何物之語抑其語之所指全爲異物而不與常同亦必不能爲正當之論辯故所指之物之聲與所以謂此聲之無常必不可不兩造共知而泯然一致也故在因明規律宗依須兩造同許宗體則與爲反須兩造不同許以同許則其爭論可已矣夫立論之旨意本在乎合己之所信而反論敵之所謂因明謂宗爲違他順自之物亦以此

曰聲是無常，鯨非冷血動物是聲與無常云者之間抑鯨與非冷血動物云者之間其關係居何等乎假泰西論理學家之語以爲言則命題之本義者何邪曰其義有三焉一則前陳爲自性後陳爲差別次前陳有法後陳法次前陳所別後陳能別

奚以言前陳之爲自性也以其局於自體故局於自體云者何前陳所指唯此前陳少不出乎其外也今以聲是無常云者爲之宗則聲前陳也前陳所指唯聲之爲物而不及他物非色也非形也且非香若味也唯聲耳惟其唯聲故爲局於自體局於自體是卽爲其物之性之所在而可以之別於他物者故得加之以自性之名也對乎自性之名而後陳爲差別何謂差別後陳者不僅與前陳所指一物者爲麗而於此外復通他物以無常云者爲之後陳而是無常不僅聲爲然聲外之物有如瓶等皆爲無常千差萬別皆與爲麗故曰差別也

奚以言後陳之法也法者軌持之義也事物有其特定者吾人於此事若物須循其所定者以思之是謂法如云無常是一特定之事也將思之之時須循其

所定思無常則必思無常云者特定之一事任舉一事焉漫思之不可也云冷血動物則所思須循冷血動物之軌範任取一事焉而漫思之亦復不可是卽爲法約言之則凡事物之特持自體而爲吾人思想之軌範者皆法也宗之後陳指一事若物而其事若物所具之軌範實有以定吾人之思想而使循之故以法名之若夫前陳其所指者亦爲事若物固與後陳者同其爲法今如言聲則聲自有聲之軌範吾人須循是特定之軌範者以思之任取一物焉漫思之不可也以此言之前陳者亦法也然獨以法之名命後陳者何以兩造所論爭重在後陳故也今但云聲論敵聞之平然不怪也迨進乎是而謂之曰無常也爲論敵者乃怦然心動而有所不能安以爲吾嚮所以思此聲者固不若是今據彼言則吾須循無法云者之軌範以思之是則大謬於是駁擊之議以起矣以其所重者在後陳故獨於後陳者以法命之而以有法命前陳以爲之別有法云者不外謂前陳之聲有無常之法耳

所別能別

體義

奚以言前陳之所別後陳之能別乎以後陳之能以一事者分別前陳而前陳則爲後陳所分別焉故也聲是無常云者爲以無常之事分別前陳之聲定其爲無常而以與非無常者之物相別也人有死云者定言人之有死而以之與無死者相別也曰無常曰有死二語者有分別聲與人二物之能力故曰能別而二物者則爲二語所別故曰所別

自上所言者觀之前陳後陳計有三重之關係焉一自性與差別二法與有法三所別與能別自性有法所別爲體之三名以前陳爲體而三者則前陳之名故也差別法能別爲義之三名以後陳爲義而此三者則後陳之名故也前陳胡以謂之體後陳胡以謂之義以前陳乃兩造所論爭之主題而後陳則爲所以謂此主題之義而方在論爭者故云然今卽聲而有所論爭何爭乎爾乃爭夫聲之爲無常與否之義聲者其所爭之體也無常者所爭之義也

要之前陳視如體後陳視如義以體義相對望則前陳自性後差別前有法後

者法前所別後能別因明之所說如是。

宗依同許之意義

（補註一）宗體須兩造不同許是其理易知且不可易矣而宗依須兩造同許云者則少需辯明將謂兩造須共許夫宗依之爲物之實在邪抑謂於宗依語意兩造所解須一致邪二義不出於前將必出於後而自我思之則後意爲當何者宗依所指之事物之實在非必兩造者共許其如是焉始可佛者謂耶蘇教徒曰夜渥巴之神特若等想像中之物耳似此立論其趨意所在既明取耶蘇教徒之神者而拒否之不認其爲實在不過特取耶蘇教徒所習用夜渥巴之語而用之耳然於立論固自無礙可見前之同許云者謂宗依語意兩造所解須一致也惟然而此同許之許與宗體須不同許之許字雖同其意義則異在彼爲指立言（判定）之眞否以爲言在此則爲指語意之一致以爲言雖爲通常不經用之語抑雖通用而特賦之以特別之意義但使明定其訓使兩造共識其意之云何則用之以組爲議論毫無所礙豈

惟無礙且有時以如此爲便利也又有當論者宗依語意兩造所解須一致矣而其語意之範圍果能明定乎曰鯨非魚類曰金剛石者炭素物也是鯨與金剛石云者其所函者爲何等義自動物學家言之則云鯨爲已含有非魚類之義自金石學家言之云金剛石爲已含有炭素物之義是固然矣顧此乃專家之所有事若以通用之意義爲準則是通用之意義實非必其能明定也今如曰人有死通常言人時果含此有死之義乎否耶難得而斷定之也要之語意之爲物當爲議論時欲防誤解須爲之明定其界界定矣則須守持之而不少出入必何意者方爲語之眞意何者爲非眞正自不必深求也

（補註一）或謂前陳以局於自體之故謂曰自性允矣後陳以其兼通於他物而謂之差別頗不可解既通於他物矣盍以共相命之較爲適當耳是說也誠有之然以其於前陳而外更通於千差萬別之物也命曰差別似亦有

所據因明大疏所言如此解之亦非遂不可通也但差別之名自無取強行保存之耳

（補註三）或以謂前陳爲有法後陳爲法是僅於泰西論理家所謂肯定命題者爲然耳若否定則後陳之法乃非前陳所有仍謂之有法可乎夫使以泰西論理家所謂客語者（繫辭不在其內）視後陳則此種疑詰乃屬當然之事今如以金剛石炭素物也云者爲之宗命先陳爲有法固無不可矣以金剛石者具有炭素物之性質也若以鯨非魚類云者之否定命題爲之宗則後陳者乃不屬於前陳非但不屬而已命題者方且取其不屬之事而特意明言之安得仍以有法命前陳者執此之故僅視魚類云者爲後陳實多不便毋寧以非魚類云者爲後陳較爲可通耳蓋使如是以觀雖在否定命題謂後陳爲前陳所有亦無不可非魚類云者視同一事而鯨有之無不可通者也故於爲宗之分析時實不宜如泰西論理學家所爲別設繫辭之名直宜以

其所謂繫辭者合諸客語而視爲一後陳如云光陰不止則不止云者爲一後陳而其事爲光陰之所有事或者因明學家常置聲是無常云者之肯定命題於目中而於否定多不加之意故致命前陳以有法之名耳其然乎

第五章　因之三相

正因之三相

於古因明判因之正否者有九句因於新因明則凡正因須三相具備何謂三相一遍是宗法性二同品定有性三異品遍無性是其爲物實已胚胎於九句因之中但九句因惟言因之對同品及異品之關係三相則并其對宗之關係而言之耳

遍是宗法性

遍是宗法性云者謂因之爲物具遍爲是宗之法之性也遍爲宗之法云者言其事之周遍於宗凡爲宗者皆具有此事而茲所謂宗則指宗之前陳以爲言也今試問因者爲何如物其性如何將首見其物不可不爲凡物之爲宗前陳者之所盡有今欲以所作性云者爲之因以論聲之無常使是聲者而非盡具

所作性則其無常自不可得而斷言也故任如何之物任幾多之物既以之爲宗之前陳而謂其如是如是矣則所據以謂之之因勢不可不周遍於其物而存在焉設其不然而一或不具又焉得漫取是一者舍之前陳之中而以如是云云者謂之耶第一相卽所以定此關係

同品定有性

第二相之同品定有性云者謂宗之同品定須有此因者存也同品之物固不必悉具有此因矣而其中則須有物焉必定具有之設能盡具豈不甚善顧非必不可不然之事所必不可不然者則爲其物之須有具此因故不曰同品遍有而曰同品定有也如以所作性云者爲之因以論聲之無常是無常物之爲宗之同品者乃必不可無一焉具所作性設其如是又豈得以聲之具所作性而斷其無常乎第二相者卽所以規定此關係述九句因時所謂凡正因於同品之物或悉行存在或於其中有所存在二者必居其一是同品定有性云者正與彼說相當也

異品遍無性

異品遍無性云者謂宗之異品遍無此因耳使異品之中或一物者具有此因則其因不正曩述九句因時所謂凡正因於異品之物須一無所存在亦此意也第三相所規定正與之相當

九句因與三相之別

因之第二相與第三相與九句因中之以第二第八爲正因者其意相同但九句因列舉正因不正因之種類三相則惟揭正因所必循之規則此其別耳故第二相及第三相實九句因所已言者新因明特更益以第一相以定因之對宗之關係而名之曰三相或曰三向焉要之是三相若三向云者所以言欲因之爲正因時其向宗之前陳與同品與異品三者須有何等之關係也

能立之因

由是觀之宗之所據以立爲因之對其前陳及其同品與異品之關係關係云者何因須遍爲宗法於同品須定有於異品須遍無是也是爲因之所以立質言之則爲其能立之因顧是乃以義觀因也若以言觀因則不如是故因明又

言三支義三相

有言三支義三相之說言三支云者將所表言論序次爲宗因喻之三段三段

鼎峙而各不相爲宗不能爲因因不能爲喻而因特三支中之一支也夫自其見諸言語之形式者言之固自若此實則宗之所以能立之理因特爲重苟其爲物也遍爲宗法定有於同品遍無於異品具此三相宗已能立能立之因不假越此而旁求故自義三相言之宗因喻實非分立之物而因爲通乎其全體也

新因明重要處

因之三相在新因明爲最居要處使因而具此則其論已無見破之虞使於三者而或缺其一則其論可以立倒此外雖於建立一論旨設爲幾多之規律要其義皆不出乎三相之外其目的所在皆特以表示三相之具備也蓋具備則能事已足矣

（補註）第一相備矣第二相亦備而使第三相而缺則宗仍不能立此其事甚明蓋因於宗之同品雖定有設於異品或非遍無不能持以論斷其宗之爲如是而僅據同品之定有又無以定其於異品之遍無故須兼觀并覽不

第二相之非不可無

第以同品之有爲滿足而更察其與異品之關係如何此第二章補註一中所已詳論者矣顧茲更有當一言者則決定此宗之力爲在第三相而第二相則寧爲無用之條是也奚以言其然也將以同品定有異品遍無（第一相與茲無關姑不論）之二相者以立其宗則異品遍無云者解其意不可不爲凡物之不具宗之後陳者皆無有因者存乎其中而言凡則必其中之一物亦無所除使一而或除則不得言凡使爲宗者之一物而除自異品之中則第二相及第三相雖皆備而宗亦不得確立此前所已論無須更述者也（第二章補註一參照）既無所除而凡物之不具宗之後陳者皆不具此因矣則凡具有此因者必具有夫宗之後陳乃不待言而知之事以例明之凡物之非無常者既皆有所作性則凡有所作性者自皆必非非無常之物所作性云者之因既全不存在於物之非無常者之範圍內自不可不存在於物之無常者之範圍內而聲（宗之前陳）既具所作性其爲無常之物尙有何可疑者然則得第一相與第

三相宗已可確決矣尚何第二相之不可缺者乎而猶以三相者並列焉是儻爲因明學家所未精思之處耶

第六章　合作法與離作法(同喻與異喻)

合作法與離作法

於第四章論宗依宗體第五章論因之三相矣更有所謂同喻異喻者是於本章論述之

第三章所揭三支作法之式其所用之喻同喻也用同喻者是爲合作法而因明於合作法外更有用異喻者是爲離作法合作法所以攻其表離作法所以襲其裏二法并用表裏夾擊爲論敵者乃無所遁而因明之論式以完矣今以合作法與離作法二者相對照則如左

宗　聲是無常

因　所作性故

喻　諸爲所作性者見彼皆無常譬如瓶等(同喻)(以上合作法)

五十二

宗　聲是無常

因　所作性故

喻　諸非無常者見彼皆無所作性譬如虛空（異喻）（以上離作法）

二作法之異全在第三支同者於喻之一支先言因而謂諸具此因者皆具宗之後陳異者則先言宗之後陳而謂諸不具此宗之後陳者皆不具此因此其異也同喻以位因於前位宗之後陳於後爲其規律故曰先因後宗異喻以位宗之前陳於前位因於後爲其規律故曰先宗後因惟異喻謂諸凡不爲宗之後陳者皆不具此因與同喻爲有表裏之差耳故異喻之舉事例也須爲異品者同喻之舉事例也須爲同品者

先因後宗　先宗後因

以合作法之用宗之同品以爲喻也故名其喻爲同喻以離作法之用其異品以爲喻也故名其喻爲異喻更舉其例如左

宗　（金剛石可燃

因　炭素物故

同喻　諸爲炭素物者見彼皆可燃者譬如薪油等　（合作法）

異喻　諸不可燃者見彼皆非炭素物譬如石等　（離作法）

宗　人非不朽者

因　有機體故

同喻　諸有機體者見彼皆非不朽者譬如鳥獸　（合作法）

異喻　諸不朽者見彼皆非有機體者譬如物質元子　（離作法）

同喻所揭事例爲宗之同品異喻所揭事例爲宗之異品如此而同喻之事例爲宗之同品矣且爲具有夫因者異喻之事例爲宗之異品矣且爲不具有夫因者於右例薪炭等爲可燃物且爲炭素物鳥獸等爲非不朽物且爲有機體石不能燃且非炭素物物質元子不朽且非有機體皆如是也故宗同品及因同品（因同品云者謂事物之具此因者因異品云者謂事物之不具此因者）爲同喻所必具之二事宗異宗及

因異品爲異喻所必具之二事而將建立一宗也因同品雖須悉爲宗同品宗同品則無須悉爲因同品炭素物須皆可燃而可燃者無須悉皆炭素物有機體須悉非不朽而非不朽者無須悉爲有機體如器物等非不朽之物且非有機體亦復無礙也

因明之幷置同異二喻以取表裏夾擊之勢者雖其常而二者之中則以同喻爲主異喻特以供止濫之用止濫之用者何防止夫因之濫用之謂也假使慮於不得謂諸有因者皆有宗之後陳時而或如此以言致生謬論則自其裏面觀之而試以諸非有宗之後陳者皆不具此因者也云者觀其何如則前言之可言與否將自可見使後者而不可立則前者亦自不待言使自裏面言之而仍無誤則自表面言之者亦自必爲眞僅自表面言之或不注意而不能無謬戾之端而更自裏面察之則可無復容疑之處矣無容疑則吾論正正則爲論敵者舍屈服於其論更將何途之出乎

（補註）使以泰西論理學家之眼藏觀之，則異喻之喻體，爲自同喻喻體直接推論焉而得者，如云諸所作性者，皆無常也，換其質，爲諸所作性者，皆非非無常者也，更換其位，則爲諸非無常者，皆非有所作性者也，如此則實由同喻喻體直引申之爲異喻之喻體，而毫無待於其他，蓋既承認夫彼則不得不承認夫此，云諸非無常者不具所作性者也，與云諸爲所作性者皆無常者也，實非異物也。

第七章　因明之八門

將確立我之論旨，使爲論敵者悟了之而屈伏焉，須用何等之論式，守何等之規律乎，據前數章所述而可知矣，使善守此規律而無所違，則我之論爲無過而可立，使其不然，則不能立，無違而可立者，曰眞能立，不能立者，曰似能立，以其近似能立而實非也，凡立論者自樹一義，對爲論敵者陳述之，皆欲其能立矣，而以合乎規律與否之故，或能奏其功，或不能，而爲論敵所倒，此眞似二門

自悟之四門

之所以別也。又欲使論敵悟我之論旨而屈伏焉。不第以自我立論爲其方也。取論敵所頑持之議。進而破之。亦爲一法。以其所主在取論敵之論旨而破之也。故曰能破。能破亦分爲眞能破似能破之二門。其善守議論之法則者。自能奏破敵之功。而眞否則自不能不陷於似而非也。夫能立也。能破也。二者皆以使他人者識實理而悟道眞爲之目的。故皆悟他也。因明之所重在悟他矣。顧於自悟亦非毫不加之意。而不言且欲使他人者悟理之眞。已自不可不先悟之。以己之昏昏。使人昭昭。豈有幸乎。而欲自悟。又須何術之。以此在因明則有所謂現量比量者。以尸之現量有其無謬而眞者。有其有謬而似者。比量亦然。故自悟又別爲四門。曰眞現量。曰似現量。曰眞比量。曰似比量。以是四門與悟他之眞能立似能立眞能破似能破四門者。合都爲八門。因明所論。盡於此矣。故名之曰因明之八門。因明入正理論最初數語云。能立與能破及似唯悟他。現量與比量及似唯自悟。如是總攝諸論要義。卽此意也。今更列舉此四眞四

眞能立

似能立

似之八門如左。

悟他
- 能立（眞、似）
- 能破（眞、似）

自悟
- 現量（眞、似）
- 比量（眞、似）

右八門中其能立云者。無須更加說明。凡前數章所論述。皆眞能立之規則。欲論之正確無謬。能循是規則者而善守之已足矣。

凡背眞能立之規則者。皆似能立也。因明歷數其種類。頗極精詳。顧要其所歸。不過從眞能立之規則。充類而演出之者。茲不具述。言其大要。則所以覘之者有二途。其一曰缺過。缺過云者。爲自其缺於因之三相者而覘之。三相而或缺其一。皆缺過也。故自此途以言。似能立別爲三。曰缺三相之一者。曰缺其二者。曰三盡缺者。於此以外。無須多方焉爲立名目。其二曰支過。支過云者。爲自其各支之言語上之過以覘之。自此途以言。則過之見於宗者有九。因十四。喩十。都爲三十三種。（三十三種過。茲不詳述。以諸過究不外違前所述規則而生者也。因明家過事詳細。其論過類也。於三十三過者。倘視爲大別。而於外更多設分枝焉。）

眞能破

因明大疏僅別過之見於宗者，已至有二千三百四種之多，徒失瑣碎耳。

眞能破別爲二一曰立量破曰顯過破循能立之規則建一論旨反對論敵所豎者而破之是爲立量破蓋於此際敵爲立言者而居主位我則尸論敵之位置而爲客居主位者所持之論曰前量居客位者所持之論曰後量今反對前量而特建後量故曰立量破也不立後量以反對論敵所豎之宗義而僅指摘其缺過若支過焉以破之者是爲顯過破是二法者其於破敵雖同爲有效然後者特聲明其過以見其以如是論法不能建如是之宗義耳敵所建宗義於事實果誤謬與否則不能斷言使論敵者而更得論據再接再厲其所主持之宗義或能立焉亦未可知若立量破則不能復然以其所建之宗適得其反自無可立之理不第以其論法之不正也故顯過破僅有破壞之功立量破則并破壞與建立之績而兼舉之若夫二能破法者其奏效也俱以論敵所持之論爲似能立時爲限此自不待言之事使論敵所持而眞能立也任以何等之論鋒

亦自不得而北之故曰眞能破之境限於似能立（能破之境云者以所欲破之宗義爲能破之對境故云）

似能破

似能破之境不第爲眞能立論敵所竪之宗而眞能立焉破之者必陷於似能立此固以然矣卽其所竪之宗實不能無誤而以破之之不得其法亦可陷於誤謬焉故似能立亦得爲似能破之境也似能破亦別爲二與眞能破同但以二者之皆欲破人而反自陷也故名之誤謬立量破誤謬顯過破

眞現量與似現量

自悟之道二曰現量曰比量既言之矣何謂現量事物狀態之據前五識（謂耳眼鼻舌身卽五官也）而知覺之者是何謂比量與現量相比而以推知夫事物狀態之不直接觸於前五識者是現量者不用意直據五官以知之比量者用意比較推量焉始知之目見赤物而知其爲赤物此現量也烟生之處恆有火焉今後見烟因與恆常所積之經驗較而推知其有火此比量也現量智不待與他物較直自其事物之狀態而得之比量智不僅得自其事物之狀態更以與他物比較以其恆相比附之故而推量以得之故因明曰現量知取自相境比量智取共

相境人之能進而為能立能破之議論以具此二種智也鬪他人能破能立之言論而能悟了之亦以具此二種智也

現量比量各有其眞似之別二者之胡為而眞胡為而似因明雖有所說顧甚粗略較今世心理學及智識學所論其不逮為遠甚自悟之論於因明實不能無憾耳

第八章　六因

因明梗概以前數章所論述可知矣今更於因明家所常論者之中摘述一二得此而因明家所論究者為何等事乎將益可明

生因與了因

因之為物所以觀之者有言三支門義三相門之別既言之矣夫自言言之抑自義言之是因云者要皆為致論敵者之悟了而與有效力之物廣其意以釋之則凡所以致論敵之悟了者皆因也顧欲論敵者悟了矣是須先有立論者之言論焉不然者何所據以示我旨意使之省解又須為論敵者其智力足以

解我之言論焉不然者亦復無望約言之則敵須有悟了之智力我須有所以致此悟了者之言論二者缺一焉不可也以我所立言論有致論敵者之悟了而生之之効力也故曰生因以論敵智力有悟了我之言論之効用也故曰了因凡兩造爭論之際因云者皆有此生因與了因之別蓋一則卽立論者以爲言一則卽論敵者以爲言耳

生因之智義言

致論敵之悟了者立論者之言論也而是言論者其所表宣不可不爲正當之義理使其非然固自無效發一言而有當於理非徒然也須具有智力（現量智及比量智）焉以識取此義理使其非然又豈有幸故生因者有所待而後成一則言論所表宣之義理二則識取此義理之智力二者備具始足諭敵也故生因可別爲三曰智生因謂立論者之智力曰義生因謂所表宣者之義理曰言生因謂表宣此義理者之言語而是三者之中其直接爲於論敵之智力加之刺激以致其悟了者則爲言語故言生因爲最重通常僅云生因時皆指此言生因

者以爲言也

了因之言智義

自論敵之位置而言之則其所以能悟了者須具有智力焉於智力外又須有其智力所了解之義理焉又須聞夫言語之傳達此義理者焉方其有所悟了也首須聞言語然後本其智力（現量及比量）以識取夫言語者所宣之義理而了解之一或不具則無以爲之質悟了之效無所幸也故了因亦別爲三曰言了因曰義了因曰智了因而三者之中智了因最重凡僅曰了因皆指智了因以爲言也夫自立言者言之則其言語爲生因矣自聞者言之則爲了因自立言者言之其言語所表宣之義理爲生因自解此義理者言之則爲了因自立言者言之現比二量智所用以識取其所表宣者之義理者也爲生因自用是二智力以了解此義理者言之則爲了因一施一受實非異物特所從言者異彼此乃爲各具其三以此三合彼三是則所謂六因者六因者於悟他之用了因所重者智生因所重者言故約而言之則立論者之言論是爲生因論敵者之智

力是爲了因

立論
- 智生因
- 義生因
- 言生因

論敵者
- 言了因
- 義了因
- 智了因

七因明

第九章　七因明五問及四記答

因明所主者在悟他何所據以奏悟他之功乎須據兩造之問答故因明家於問答之方法及論爭之所當注意者頗有所規定所謂七因明者是也七因明者第一曰論體凡立論須明示其主意之所在是爲其體漫爲無益之爭抑於所論者何事茫如捕風而無一定之件不可也次曰論處論處云者謂愼擇議

論之處也有論敵於此對之可以鬬正當之議論且能得適當之審判者以決之始可與言使其非然切勿與爭次曰論據吾之論旨果有正確不可動之根據乎否乎須審思之迨確決夫根據之無不足始可與人論爭也又其次曰論莊嚴辯談容態須十分莊嚴以便挫敵是爲論莊嚴此外尚有其三顧其事實已包舉於以上所述四則中茲避煩不復述合是三者都爲七郎舊所謂七因明者也（七因明之稱實不甚妥當）

五問

佛書又有五問四記答之說後世因明先視慮同佛學之一部分故此五問四記答者與因明頗有關係茲畧說之五問者乃即問者目的之所在以爲之別曰不解故問曰疑惑故問曰試驗故問曰輕觸故問曰爲欲利樂有情故問凡有五是也四記者答湼槃經所述一曰一向記次分別記次反問記次捨置記何謂一向記於問者之言無所間然僅一向以應之曰唯而毫無所删削是正者是也分別記者一問題於此不能一向以決定之而更加之分拆焉謂使

三段及三支之序次與目的

如是則然使不如是則否質言之以此意解之則應其爲是設以彼意解之則答之以否者是也不直作答而先行反問之者是爲反問記凡欲明問者之意義抑欲反詰之而使自悟時用此法其以所問之事爲不足答抑非所宜答而捨之而不顧者則捨置記是也凡問不能出五問之外凡答不能出四記答之外

第十章　三支作法與三段論法之異同

三支作法與三段論法二者之間果有歷史上之關係與否是不能無疑顧其有相似之處則甚明若夫二論法之性質則又判然相別異者也今爲比較其異同如左

（一）三支作法與三段論法者俱以三段而成是其相同者也顧其序次之法則異宗與斷案相當因與小前提相當喩體與大前提相當其次第蓋正相顚倒也或謂因明以悟他爲旨故以宗因喩爲次泰西論理學以自悟爲旨故先

揭論據而以次及於斷案皆至當之序也而實不盡然因明以悟他爲其旨使不先樹一宗而揭之則論敵無可挾之異議如此則爭論無自而起故必先揭其宗揭其宗而論敵者聞之又求其立論之所據然後以次而示之以因徵之於喻是固當然之序矣然謂三段論法以自悟之故故以大前提小前提斷案者爲先後之次則有未能安者三段論法未嘗別自悟與悟他爲二事而於其中注重於其一只以表示夫理由與斷案之關係耳不立自悟悟他之別也本篇第一章補註二參看若使云然則將不免於斯賓塞之非難何故於大前提之次念及於小前提乎此斯氏之所非難也何者以一命題爲小前提而由大前提以移論焉而及於是是明明已有斷案者之存乎其胸若使其胸中全無金剛石者可燃物也云者之斷案存焉則於揭凡炭素物者可燃云者之大前提後其移及於金剛石者炭素物云者之小前提將又何故頗爲難解石油者炭素物也是之云者於實際亦爲眞何不取是以爲小前提者無他石油非現所欲論之物而金剛石則其所欲論者故也故謂

三段論法有自悟悟他之別實非的論三段論法原不置是區別者於眼中謂其目的在自悟是以觀因明之眼藏觀形式論理過也無是區別而僅以表示理由與斷案之關係爲其目的是其與三支作法相異之一也

小前提與因

(二)三段論法其小前提必爲一命題之形三支作法則不然其第二支僅曰以某故耳不曰某者某也揭其主語而賦以命題之形也是驟觀之雖僅外形之差無假重爲之區別而其實不然唯因明重因其式始如是不取前陳之聲而更揭之曰聲者所作性也僅曰所作性故故之云者正以見其最置重於因耳是因之爲物與三段論法之媒語爲相當三段論法之正否視乎媒語媒語固甚重矣而其所以觀之者則與因明之所以觀因者爲有等差是亦二者相異之一也

喩依與歸納法

(三)三支作法有喩依三段論法無之是其異之特著者蓋三段論法純爲形式之物其所揭者得形式上所必須之物而止使大前提而見承認小前提而

亦見承認雖不更舉數多之事例以證之其斷案亦須在承認之例大小二前提其於事實爲眞若妄可承認與否自爲別論但據前提斷案二者之關係以言前者見納後者自必隨之自無須更證之以事實也因明則不然非僅形式之物其事實上之根據爲喩體之所據以立者乃萬不可缺諸所作性者皆無常也云者是其喩體不得架空非示瓶等之事實以明其所據不可也（瓶等云々者須視爲代表此同品之物者第五章參看使不如是則喩依將爲無用之物也又同品定有異品遍無之二事而具喩體能立乎否乎是於前所論述亦詳之可參看）執此之故因明之三支作法實於泰西論理家所謂歸納法者有所涉夫有所涉則不純爲形式之物矣而三段論法則不然此又其相異之最著者也

離作法與直接推論

（四）因明於合作法外更有所謂離作法者同一斷案而由表裡二面以論結之三段論法者無是或曰是泰西論理學之缺點也然泰西論理學有所謂直接推論者自無須於同喩之外更揭異喩同喩之喩體換質換位直可爲異喩非缺之而不備也（第六章補註參看）且三段論法其立一斷案也僅揭其必須之物而於

外則不及使二前提而正確則斷案已足立而毫無所缺憾矣更何假於離作法因明所以用之者特自表自裏用助他人之了解耳然使彼我共認同喻而無異議亦未見其以異喻之缺遂不能立其宗也故三段論法者簡潔而與因明之以悟他爲旨者異其趣因明不然由二者之性質以言因自不能無此異之生耳

第三編　歸納法

第一章　演譯法與歸納法

三段論法者演繹法也

三段論法者常以一立言之遍通者爲之基從而引申之而更得一事例焉而是事例者實已括於其所從引申者之立言之內如去凡人者有死某人也故某有死有死云者周遍於凡所有之人而無不通以是爲基然後引此含於凡人中者之某而出之而論斷其爲有死故三段論法必有一全稱命題焉本之以論及於各事例能受前提所以須爲全稱者以此也雖所受前提爲全稱時其命題所言亦實不外爲一事例之屬於能受前提者今如去凡生物者有死凡人生物也故凡人皆有死是其斷案爲全稱矣而人之爲物則仍屬生物之一種引自生物之中而出之而斷其爲有死是仍以一立言之遍通者爲之基引申之以及於一事例也似此基諸遍通之立言而論及各事例者曰演繹法形式論理所謂推論者實卽此法耳直接推論雖亦得視如演譯法之一種然通常言演繹法時則專指三段論法

歸納法

與演繹爲對者爲歸納法歸納云者謂總括各事例納而歸諸一立言之遍通者也演繹法由全而及偏歸納法則由偏而達全其由偏而達全也奚遵奚由以爲之是則繼此所將詳論者也

三支作法亦爲演繹法

因明之三支作法其喻體立言之遍通者也而廣索諸同品異品之物以審其因且揭有喻依焉以爲之例證驟觀之似歸納法者顧其作法以諸有此因者皆具有宗之後陳者也云者爲之基而從之而論及於一事例（宗之前陳）是其大體所趣亦演繹也諸所作性者皆無常也聲有所作性故爲無常其爲其演繹之論體也與三段論法又何以異乎

第二章　三段論法及三支作法之論評

三段論法使承認其前二段則於其第三段必不可不畫諸其論斷之正確若無可問然也者顧茲有一大疑問焉將欲論摘之仍舉向所習用之例以明如左

凡金剛石可燃物也
此寶石者金剛石也
故此寶石可燃物也

右例本如是之二前提者以下如是之斷案其論之確實當無可疑使不認其前提則已自非然是斷案者又誰得而拒否之乎顧玆有須深索者於斷案未經承認之先是前提者（殊如大前提）胡爲而得見承認此實一大疑問也盖據一理由以論證一事也是理由者不可不於其所論證之事之見認以前先經公認使必待其所論證之事之見認而後此理由者乃得而見認則不足以之爲論據以論證其事矣三段論法者既以前二段爲之理由而立其第三段矣是其前二段所言之事將必須於能知斷案之前而已知之吾欲於不可知之事而有所論斷須本吾所已知者以爲之據欲人之據一理由者以知一事亦須先令之知所據之理由此無間其爲自悟爲悟他而皆然者也如然則欲知此

寶石之爲可燃物須先有以知其爲金剛石又須先有以知凡金剛石者之爲可燃物顧此寶石爲既爲金剛石此寶石之爲可燃與否方不能確言凡金剛石之爲可燃物又惡得而知之既云凡則爲舉凡所有之金剛石而悉數之於實際雖或不能而在形式論理凡言凡解其意固爲悉取一種類之可指數之物而一無所漏也如此則於未知此一寶石者之可燃與否以前凡所有之金剛石其爲可燃與否又烏得而知之邪

今有人焉於此見此寶石以爲不可燃欲喻之而使知其如是是須先令知此寶石之爲金剛石焉不第如是已也又須先令知凡金剛石之皆可燃焉顧彼且未能知此寶石之可燃凡金剛石之爲可燃又烏能知之且曰凡金剛石則彼所將視爲金剛石者之此一寶石夫非已含於中乎此一寶石者可燃與否方未決定遽取而含納之而曰凡金剛石者可燃物也可乎否乎凡之云者爲舉凡所有一種類之物而悉舉之遺其一焉不得言凡謂是凡金剛石云者爲

不含此一寶石者於其中固不可也然則取一不能決定之寶石而遽納之凡金剛石之中而斷定其爲可燃是其於論法將居何等邪

或謂方大前提之謂凡金剛石之爲可燃也此一寶石者爲含於其中乎抑否乎尚在未知之數使爲金剛石則任何等之寶石皆可燃焉其言之意不過如斯耳然既言凡矣苟其爲金剛石將一無所除而盡數之使此可燃與否尚未可知之一寶石者含諸其中與否方在未知則固亦不得言凡何者此一寶石者之可燃與否方未可知其含於金剛石之中與否又未可知假使是寶石者而或含於其中則是凡金剛石之中爲有一物焉可燃與否尚在未可知之數又烏得斷言之而謂凡金剛石者皆可燃物也邪由是言之大前提之凡金剛石云者不可不含此一寶石者於中含之則三段論法者於實際乃非由既知者推論焉以及於未知而不過取既知之事而加之分拆奚以言其然凡金剛石者云者既含此一寶石者於中則於言凡金剛石之可燃時此寶石之可燃

已經大定特於彼時偉渾曰金剛石玆則更分拆之而指摘此寶石之一物者而出之耳如是則三段論法者其前提尙足爲斷案之論據邪如是則三段論法者其與竊取論點之似而非推論又將奚以別邪欲證一寶石者之爲可燃而以凡金剛石之可燃爲之理由乃於理由之中已竊取夫所證之物而納諸其內是非所謂竊取論點者而何邪形式論理既解大前提之全稱命題爲悉舉一種類之可指數之物而一無所漏此之非難吾恐其不能辭也或謂此之非難乃誤解夫大前提者也方大前提之言凡某者皆爲某也其於斷案所言之一定之物非明含入之凡金剛石云者特一大概先慮之語用以統夫一切之金剛石者至此一寶石云者之特定之物固未嘗數及之一切可指數之金剛石內雖含有此寶石而此寶石之含於其中則暗含而非明及夫既非明及而以竊取論點之空文被之豈當也邪是說也不過舞明暗云者之文以致其辯護耳然試問之凡金剛石云者於明含此一寶石者於中之先又惡得而暗

含之且今所爭者方未知此一寶石之爲可燃物時此一寶石者爲不得納而入之可燃物之金剛石中耳固無間其爲明爲暗使必以暗含爲口實則其含之也固暗矣而於斷案之中乃獨能明明而引出之者又何說邪或又謂使三段論法其斷案之所言既竊納諸大前提之中而果爲竊取論點之似而非推論也則自其大前提必可直演繹焉以得其斷案而今固不能以凡金剛石者可燃物也云者爲之大前提直演繹焉而曰此寶石者可燃物也不可也其間又須有小前提焉此寶石者金剛石也必待得此而斷案始得而出而僅一大前提者尚爲未足是不足以見大前提之取斷案者而定之乎是又不然三段論法者不置小前提者於間固不能由大前提直移及於斷案矣顧是小前提之爲用特取大前提所已含有者之物而爲明指其名小前提如簡大前提如編簡而成者之冊冊含數多之簡矣顧不列記夫各簡之名而特渾名之曰冊須待小前提者爲指其所欲論之一簡者而出之而主名始定其所以不能直由之而移

及於斷案者亦以此非以斷案所指示之物不含於大前提之中乃致然也故三段論法（卽演繹法）其推論所得實不出乎大前提所已蔽者之範圍之外蓋既集數多之箇以爲冊而以冊之名爲徽記以造成一該括之觀念矣則於每言此冊時固不必其所集數多之箇者各於同時而浮於胸中惟然故須有爲之數其名稱者以見如是之一箇亦含於此冊之內小前提之爲用正自如斯實非能涉乎大前提之外而別言一物也由是言之凡金剛石者可燃物也云者冊也是冊者爲編凡所有之各金剛石之爲箇者以成而此寶石者既爲金剛石實亦卽其一箇也小前提特聲明此寶石者之爲箇之一耳而其爲已含於冊之中則自若且惟含於其中故於大前提之冊者既經認可而於斷案之一箇乃亦自不得不認可也夫含矣則竊取論點之非難固可得而免乎

或謂方言此寶石此寶石者前此未嘗見也見此寶石於今爲始於今爲始矣則於言凡金剛石者云云之時無能豫知此一寶石者而含入之理不知是說

也乃正三段論法所以不免於非難之處反持是以爲辯護固無所幸也此一寶石之可燃與否方未可知惡得遽斷凡金剛石者盡可燃使此一寶石者而不含於其中則又惡得言凡於是金剛石者尙未曾見遽於凡金剛石而有所謂可乎既言凡則爲舉凡所有可指數之金剛石而悉數之凡所有之金剛石於實際雖或不得而悉數而方其立言之時固視如可悉數者而始言凡籍曰未見而自其言觀之固與已見之者同也同則此一寶石者不可不已含於凡金剛石云者之中此一寶石者方未見也遽若已見之也者而斷言夫凡所有之金剛石之爲可燃可乎要之形式論理既解凡之爲言之意謂舉一種類之可指數之物而盡指之竊取論點之譏評乃欲禦之而無可禦雖實際於斷案所言之一物未嘗見焉而固不足以爲口實也

形式論理如彼矣因明則何如因明之三支作法其喻體中諸之一語（例如言諸爲所作性者見彼皆無常）與言凡者正同解其義爲舉諸所有所作性之物而悉數之而一無

所漏既如是解矣將見其所受之非難亦與三段論法同也蓋將本一因以建立一宗則爲宗之主題者之聲(宗前陳)其具有所作性之性質(因)也須爲不可爭之事實使聲之具此因與否方在疑問之際而有可爭則不足持以服論敵且諸所作性者皆無常也云者既舉凡所有所作性之物而盡之則其所作性者之聲又不可不含諸其內亦自不待言者使物之具所作性者有一之或遺則不得言諸且言皆也聲之具所作性也既確而不可爭且含於諸所作性者云云之中矣如是則但使喻體之爲言能見承認聲之爲無常以其含於喻體之中也亦已隨之而並見承認而不容更挾夫異議吾恐用心愼重者之論敵將躊躇焉而不輕爲之畫諸也何者聲之無常與否方在兩可而無一定假其爲非無常者之物則是具所作性者之物爲有其一焉獨爲常住今於未能定言之前遽曰諸爲所作性者見彼皆無常偕邪將妄邪

或謂論敵之不知聲之爲無常也惟於未知其爲所作性時爲然一旦知聲之

具有所作性則不可不認其爲無常也是固亦一說然於知聲之爲所作性時其所以不可不認其爲無常者何故非以諸所作性者之皆無常既爲其所承認之故乎使其不然則聲之爲物雖確知其具所作性焉亦不得而必其爲無常也顧於時聲之具所作性與否方未可知其無常與否亦方未可知諸所作性者之皆爲無常又惡得而知之其爲有所作性乎未定也其爲非無常者之物乎亦未定也其爲具所作性而且非無常乎亦未定也數者皆未定而遽曰諸所作性者見彼皆無常是不亦太早計乎太早計而且直斷言其然是必諸所作性云者已含此聲之一物者於其中矣含之則是聲是無常云者爲特取喻體所已含有者之物分拆焉以出之而與三段論法者同矣又惡得爲由既知以推及未知之論法乎若必謂喻體中諸之爲言不含聲之一稱者於其內乎則其力且將不足以決定其宗而建樹之且諸之云者解其義爲舉一種類之可指數之物而盡數之自屬當然之解釋此自其語之本義抑自因明中異

品同品之詮索以觀之皆足以見其如是者也因明家雖間有異議者存無傷也審若是則聲必爲所含矣爲所含而謂其非預竊論點而取之更將何說以爲之辭邪

或又謂因明之於一因也必先審其三相焉自不得以之與竊取論點之似而非推論者同視如然則三相中之最居要者莫後二相若今且進而遞論之

同品定有（第二相）云者何同品之中最少亦須有物必定有因者存在焉是也必定存在云者何宗之後陳與因二者於其物必定共爲存在焉是也顧今且假定爲同品之中而果有物焉宗之後陳與因二者共爲存在於其物矣執是之故果遂得以樹其宗乎吾未見其能然也今試以甲乙丙丁者假定爲同品戊爲宗之前陳己爲其後陳庚爲因以觀之甲乙丙丁其有庚者存在且并有己者之相隨而與共爲存在也既審矣執此之故遂得謂戊之爲物以其既有庚者存在焉之故將必有己焉亦隨之而與共爲存在乎以庚之爲物其在甲

乙丙丁之中皆與巳爲伴而共存也謂其在戊獨不與巳相伴而共存遂不得乎什而八九庚之與巳常相伴而共存此於實際或然矣然得斷定之曰必相伴而共存乎使能豫知夫庚之爲物任於何等之境皆必有巳者與爲伴則以戊之有庚焉存在而直斷其爲巳也已毫無不可之處更何同品異品之足言而汲汲焉詮索之若使不能豫知則以其於同品之甲乙丙丁皆與巳爲伴而共爲存在也惡得遂推之以論斷夫戊庚之與巳其在戊也或不相爲伴亦未可知抑其在戊也更有其他之一物之爲辛者隔閡之而使不能相爲伴亦未可知在同品之甲乙丙丁以皆無此辛之一物者隔閡夫庚與巳而使不能共爲存在也故常共在而戊則未必其亦然或以有辛者爲之隔閡之故庚雖存在於其中而巳獨不與之爲伴亦未可定言之事也遽斷其無此事夫豈能免於斷之太武也

由是觀之摘除夫宗之前陳而謂其不含於喩體所示之物之中雖自餘之物

具有此宗之後陳者。（即同品）其中果確有物焉。與因爲伴。而共相存在。固亦不得斷定夫宗之前陳之具有此因者。爲必具有夫宗之後陳。設欲加之斷定焉。則須於宗後陳所示之物之外。兼顧其更有他物者。（辛）存焉與否。始可顧同品之名。爲僅取夫物之具有此陳者而命之。其所注意以察者。唯庚與巳耳。於其外之辛之存否。則非所問。故僅據同品定有之詮索庚之與巳。其在戊也。果爲共存若否。不得而斷也。且即於辛之爲物。其隔閡夫庚與巳而使不能相伴者。爲有爲無。暫措不問。抑假定其爲無。而僅以甲乙丙丁之爲定有而具此因也。遂謂具此因者之戊。亦必與甲乙丙丁者同其爲巳。亦自不可。戊雖有因。而且或非巳。此其事固不能懸斷其必無。質言之。因之必無涉於異品。固不可得而臆斷其然也。

異品遍無性

因明家將曰。是坐僅即同品定有性之一方以觀因。故有此難耳。因明之判因之正否也。固不僅以是同品定有性焉。更有所謂異品遍無性者。兩方夾鍾以致其精。今漫執其一焉以相訾議。是論者知其一而遺其二也。於因明乎何病。是說也。予固預期之。顧是豈足以爲因明辨護者。得是說而非難之。加諸三段論法者。今以加之因明。尤爲有力。將益明耳。奚以言其然也。夫因明家之言曰。將據庚之因。以斷夫戊之爲己。是其因者。於異品須遍無。是誠然矣。顧今者戊之爲己與否。方且未定。而爲兩造所論爭。遽先斷言夫諸非己者之皆不爲庚。是何所據而云然乎。使戊而非己。則非己者之一物。不將爲庚乎。且戊之爲己與否。方在未定。固不得謂其必非非己也。今乃謂諸非己者皆不爲庚（即因於異品遍無）是非於戊之非非己。已竊行論定之乎。夫謂凡非己者之皆不具有此因。與言凡有此因者之無一焉涉於異品之範圍。正無異。既不涉於異品之範圍矣。惟其物之無所存在焉已耳。使其猶有所存在。則不於同品之己之範圍內。而更將何於。（第三篇第三章補註一條參看）如此非直取諸具有此因者之物。而斷定其己焉。而何也。要而言之。謂因之爲物。爲已具異品遍無性者。實與樹一異品之喻體

（諸不有宗之後陳者皆不具此因）者無以別樹之則與樹一同品之喻體者亦無以別蓋同喻之喻體與異品者特有自表自裏之差實則諸不有宗之後陳之物皆不具此因云者與謂諸具此因者皆有宗之後陳其所表示非異物也（條二篇第六章參照）夫既所表示者非異物矣在彼既不能免竊取論點之譏在此又豈有所幸乎

右說中異品遍無云者乃以不具宗之後陳者悉不具此因之意義釋之質言之則於物之爲宗之前陳者不取而除之而以凡不具因之後陳者皆不具此因釋第三相之義也以此義釋之因明之不能免於非難也既如此若使謂異品遍無云者爲於異品之中姑取除夫宗之前陳者以爲言乎是說也仍復不足以立其宗於論同品時既言之即使更益之以同品定有之條亦仍復然此又據第二篇所論述而可知者矣（第二篇第二章補註一條參照）

非但如以上所言而已也因明家曰凡正因異品須遍無是將胡以知之能取

天地間之物凡吾所視爲異品者盡檢之乎異品之無因與爲麗其爲吾所能知者任至於何等之多設非悉能確知其如是則不得言遍無以未知之異品中或有具此因者存也徒曰欲據庚之一因以斷夫戊之爲巳也須知庚之於異品爲遍無而至其奚遵奚由以底於是則不能言也是非所謂有名而無實者邪夫因明之中有同品之說焉有異品之說焉是驟觀之似不若形式論理之一偏於形式矣而於實際則不能稱其言其所謂同品異品者不過本二三實驗之事例比較之以例其餘而是比較推測之談固不得信其爲確實也有什異品者於此皆無因者與之爲麗由是以推其餘之一二者而斷其不具此因尙不能必其無誤況於實際且恆不能如是邪但據前此者吾所檢而知者之異品遂移以斷吾所未檢者而謂其必然夫是固不足與於論斷之數矣

因明家又曰因於同品須定有矣而是同品之中必定有物焉有因與宗之後陳者相隨件而共爲存在又胡以知之以巳之存在之故庚之爲因者遂必不

可不存在乎庚之爲物果必與巳者相爲隨伴乎同品之中庚或存在焉或不存在焉雖卽庚所存在者以爲言而庚之對巳也亦或屬偶然相遭非必其有一定不能須臾離之關係也一見其共在焉遂可斷其必爲共在邪於數多事物庚之與巳恆見其相爲隨伴而共在由是之故意其閒爲有必定之關係焉是其於推測固非無幾分之根據矣顧此不過先慮大較之談斷言其如是固不可也甲乙丙丁之中庚之雖與巳皆相爲隨伴而共在然或悉在偶然相値之例使其皆偶然執以斷戊之必然夫豈可通也邪要之欲於實際收同品定有云者之益以正其因不可不明庚巳之閒之必然關係而此固因明家所缺漏而不能無憾者也

究之三段論法與三支作法皆不過根據一立言之全稱者而於其中所巳包有者之事更分拆焉以出之非本既知以推未知者若使云然而以三段論法之大前提爲斷案之論據則其論法遂不能免於窃取論點之譏此正穆勒氏

所聲言抑亦其歸納法之動機也至穆勒氏之關於三段論法之大前提之意見爲何如乎次章將詳述之

（補註）三支作法其喩體中諸之云者解其意爲悉擧所指一種類之物而一無所遺乃最自然之解釋觀因明大䟽二之十一十二丁等所論䟽亦足以見其然也其說曰因之爲物非指所作性之僅局於宗之前陳者（聲）以爲言於凡聲及瓶等所具之所作性皆總貫之審若是則因者（即所作性）總貫於聲及瓶等凡所有一切之物品而諸具此者云者（即諸有所作性者）正指此聲及瓶等凡所有之物品而總括之者也然則諸之爲言解爲擧一種類之物而悉數之之語決非不當之詁訓也村上專精氏深於佛學者也其所見又與予說同觀其所著因明學全書有云諸之云者乃所以悉擧因之屬於前陳者與屬於自餘萬有之物者而合而同之遵斯說也則諸有某之因者皆某也云者自不可不含有宗之前陳者於其中何者以其幷因之屬於宗者

合而同之故也要之喻體之所謂諸者爲指一種類之凡所有之物並宗之前陳者而亦含之蓋無可疑

佛學會所發襍誌（名曰佛教）第五十八號載有林彥明氏一論文乃以泰西論理與因明作法相比較者其說曰因明之喻體非如泰西論理之大前提之爲全稱命題實特稱命題也氏之意蓋謂喻體中諸之云者非總計全數之謂特以見多數之義也氏又曰使喻體之言諸爲總計之辭幷宗有法之一分者亦攝屬於其內則所立之宗自爲確立之物而論爭乃無自而起又曰以喻體爲全稱命題解諸之云者爲總計之意義如此則解宗之第二相之同品定有性云者爲因者須爲同品之物之全數所有固無不合矣而第三相異品遍無性云者乃以是而陷於無用之地何者於同品既定有而可曰凡甲爲乙矣異品遍無之凡非乙者非甲云者乃自不待言而已可知無取於更贅也凡此皆至當之論也氏又難雲英晃耀氏之新新因明論式曰新

新因明者不過顛倒三支之序次以摸擬泰西之論理式更命之以異名者耳無斬新獨創之處不第是也新新因明之前段曰如瓶等凡有所作性之物皆無常也是凡有云者將作何解使取除夫聲之一物者以爲言乎則自相矛盾以既言凡則聲亦不可不爲所含故也使爲包舉夫聲之一物於其中乎是其後段之宗爲特自前段繹出者與因明審決論爭之規律爲不合何者聲之無常於前段既含舉焉前段而見承認則問題爲已決矣尙何待於後段凡以上林氏所言皆如先得余意者蓋一言凡則此論爭之一物卽爲見竊取此予所數數論談者若欲使因明作法能免於竊取論點之詰責舍如林氏所云諸之爲言非總計之辭特多數之義者更無他塗術也顧林氏之解釋辨矣果適當乎則所不能無疑者自予觀之因明中諸之爲言寔爲總計全數之辭今欲其免於非難而姑以多數之義解之而爲之辭實不免於附會牽强之處也因明之言諸終以總計之意解之爲正當其於論點

竊取之識。亦實不能免。此則予與林氏所各異其意見者。且卽從林氏之說。而以多數之意。釋諸之一語。如此。果遂能決立其宗。而無毫釐之疑乎。立量之比例論法之出於此解者。其於決定兩造之論爭也。不將失其效力乎。此雖林氏亦自疑之。而余則敢斷其必無效力。此據余前所論而可知也。因明之言。諸形式論理之言。凡使解其意爲悉一種類之可指數之物。而盡數之。皆不免論點竊取之非難。不能免。則決定之論亦無由以立。而將欲免此。又須奚遵奚由以致之。其企此盛業。則穆勒氏之歸納論理是也。氏之說果能奏其功乎否邪。此於次章將詳爲論述之。

第三章　穆勒氏所謂推論之質

穆勒氏以爲。使以大前提爲斷案之證據。則三段論法。將不能免於竊取論點之非。以其所證之事。旣已攝取於證據(卽大前提)之中也。然則斷案之眞實證據。果在何處。由前提者推論以達於斷案矣。而眞實之推論。又須以何者爲之根

據大前提者其眞實之性質又果何如

穆勒氏曰大前提之爲物其所示有二義焉一爲各事物之爲吾人所經驗而知者一則本吾人所經驗而知者之事物更推及於所未經驗者之同事物焉是也今如云凡人有死是語也析其義則首以見凡前此者負生而來之各人實皆已死次以見後此者負生而來之人與前此之人具同等之質性者亦須皆有死試假以甲乙丁戊巳庚辛壬癸代過去現在未來三世者凡所有之人而以其中之甲乙丙丁戊己代人之既死者則甲乙丙丁戊己之實際已死吾所熟知者也適當大前提之第一義而庚辛壬癸等之須皆有死爲吾所推測而知者則爲其第二義合此二義而甲乙丙丁戊己庚辛壬癸之皆有死乃可得而立言質言之則凡人有死云者乃可得而立言斯則大前提之所以爲大前提者也

眞正之推論

大前提之爲物具有二義如上所言矣以其第一義者爲之基推而移及於斷

案是方爲眞正之推論推論云者本第一義之已知者推未知之謂僅由凡人皆有死云者之一語移於此斷案焉不足言推論也蓋謂庚辛壬癸者亦須有死與謂凡人皆有死其所以能持之而有其故者非有異端皆以前此者甲乙丙丁戊已之已死者爲其據甲乙丙丁戊已之皆已死是事實者實爲推論唯一之基越此以往無術焉以更得左證也雖由甲乙丙丁等已死之事實不能直推焉而謂庚之一個亦須有死而須挾有凡人皆有死云者之一語於其間顧是於證言夫庚之宜有死也乃無所加於毫末凡人皆有死云者不得視爲庚之有死之證使視同證據則是於證據之中已攝所證之事物而含納之此三段論法所以不免竊取論點之譏者也故謂庚之一個有死與謂凡人者皆有死其所及者雖有廣狹之異其所根據者則爲同出於一源使前此者甲乙丙丁等之皆已死足以證庚之一箇之有死而不麗於虛則以之證凡所有之人之皆然亦自無不足庚之一箇以與甲乙丙丁等具同一之質性而同其有

死矣是豈亶庚之一個爲然凡甲乙丙丁等具同一之質性者亦將莫不然所持之故本同固無間其爲各個其爲一切皆可以此例例之也是皆爲由旣知以推諸未知者則皆推論也若夫由凡一切之物而移以論及於箇物者則不然特取所已知者而分拆之耳非有溫故知新之益故由三段論法之大前提以移及於斷案者自不足爲推論

大前提與斷案

大前提如法規法規所規定者常渾言夫一種類之事物之凡小前提特爲從其中揭明其一焉三段論法則遵此法規而處理此小前提所揭之一者也是小前提所揭之一所以須遵此法規以處理之者其理由安在僅據法規固不能知法規僅言於如此之際須如此處理耳胡爲而須如是處理則不言也約而言之法規爲物非法規之理由且非事物之所以須遵此法規而處理之理由大前提者非斷案所據以立之理由大前提之所據以立之理由乃爲斷案之所據以立之理由也故斷案者非以大前提爲證據而立特爲循遵大前提

之法規而立穆勒氏欲明示此之區別故曰斷案非據大前提而知者蓋明小前提所揭事物之一雖遵大前提之法規而加處理焉而所以如此處理之故據法規以求之則不能得也

然則於斷案欲謂某之有死不可不以吾人所經驗之前事者爲之證據凡人有死云者之全稱立言實非推論之証據也顧於推論之時而揭此全稱命題於首亦非毫無其用盖本所經驗者之各事例推及於所未經驗者時必其推及於一切之事物而無不可是其論方爲正確而不能動何以言之使據已事之驗推論夫其他之一箇而能無誤訛則以推論夫一切之例之與此一箇同其質性者亦自無誤訛凡與吾所經驗者之已事同者則已然者然未者亦可斷言其然固無間其爲一爲凡也若使已事之驗不足以證之則凡然一亦然一之與凡其質性既同凡既不能據是理由者以立一亦自無能遁之理也故欲防推論之過誤而先置一立言之全稱者以覘之實非無益駢枝之語前乎

此者負生而來者之人皆已死矣本此事實將以論某之有死而先置一語曰凡人皆有死夫使是說而不謬則某之有死將益可明是其於救過防失豈無所裨者耶但其爲用也止此而於爲推論之證據則非所能任使假因明之語以言之則如喻體然僅有防濫之川耳於此外無能爲役若夫眞能爲建豎宗義之証據者以穆勒氏眼藏觀之固自舍喻依而莫屬也

今更取以上所述之意旨用圖示之如左

凡人皆有死

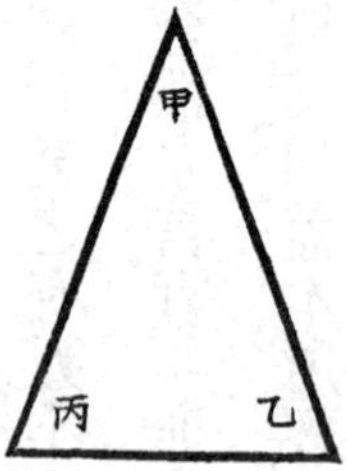

某之父母祖父母等及其他

往時之人皆已死矣

故今現存者之某亦須有死

從穆勒氏之說由乙達丙抑由乙達甲者推論也由甲達丙則非推論又推論之由乙達丙與由乙達甲其所根據者正同使此一正確則他一亦正確一或不正則餘一隨之欲推論之及於丙也非必其由乙達甲然後由甲而更降及

及於丙也由乙直達之亦無不可雖使轉經夫甲而以次抵於乙其足稱推論者亦祇由乙至甲之前半途後半之由甲達丙者不稱其爲推論也今試以因明三支法比較之則乙與喻依相當甲當喻體丙當宗於此際而爲因者則人之性質是要之推論者必其本已經驗之例推及於未經驗者而其推之之時則以二者之性質之同爲其塗術假因明家用語言之以所見邊視未所見邊者是則推論也

眞正之推論胡以得

以所見之邊推知未所見之邊果能無毫末之疑而完全以底於是乎本所經驗者以推知所未經驗又奚所據以致此將謂彼是有其相通者故得由彼而論及於此乎然僅曰有其相通者果遂能以此而得確實之推論邪甲乙丙丁者同具有庚之性質抑且同具有己之性質矣能以此而斷戊之一物以其有庚之性質亦必有己之性質乎欲爲確決之論斷僅曰甲乙丙丁與戊其性質有相通者不可必須明其相通之處於刻下所欲爲之論斷實足爲十全之證

據而無缺始可戊之具庚之性質與甲乙丙丁同其類矣必以此之故足證戊之必爲己焉始可假因明之用語以言之則庚之性質果足以爲正因焉否須有術焉以發見而決言之始可也若使庚而於同品定有於異遍無而凡爲庚者無不爲己如此則以戊之爲庚而斷其爲己固自無誤以諸庚者云云之中既含有夫戊也然欲知諸庚之盡爲己將又何從舍基諸各個所見之事實將別無其術而本是各個之事實者其推論之確實之度程果能達於何等乎此則一問題也試於次章詳爲論述之

第四章　類推法

本章之問題

凡以一而推知其他必彼此之間有其相通之處以爲之橋梁焉由是乃得自彼而渡於此將以甲乙丙丁之爲己證戊之亦爲己也戊與甲乙丙丁者必有所同本其所同者爲根據而在彼既皆如是矣此一既與彼同故亦須知是是卽推一以知他者也是卽推論也顧是推論者其確實能居何等乎由各箇之

事例以論及於一箇若論及於其種類之凡果能無分毫之疑而保證其必實乎此則本章所欲論之問題也

一物也與他物者有相同之點由是推之而知是二物者於其他之點爲吾所未經驗者亦復相同曰類推推類者以類而推之意也吾手觸雪曾生冷感更見雪降其色其光其形狀品體與吾前所觸者正復同物因意觸之當更感冷顧今度者實未與觸特自其色其光其形狀等觀之與吾所曾觸者同冷之觀念遂浮於胸此卽類推之事也通常吾人以一物知他物本過去之經驗以測將來皆在此例蟋蟀鳴而思寒之將至播種南畝預念秋成燃薪而以取暖飲水而以醫渴何一非以類而推之者乎因明所謂比量智者亦不外是烟氣生處曾見有火今更睹烟生彼處因以比諸已事之驗而知有火存是比量云者實卽類推之事耳

論理學家所謂枚舉歸納法者自其論理上之性質觀之與類推法亦無以異

枚舉數多之例而知此等之皆若是因持以爲故而謂凡爲此等種類之物者悉宜若是此所云枚舉歸納法者也而實不外以所舉數多之例之類以推其他之例前此所見之磁石無不吸鐵屑者今斷定夫凡磁石者悉吸鐵屑是豈有異故正以其類同而推其爲如是耳但通常所謂類推法者常由各箇物以論及於其他之箇物而枚舉歸納法則由各箇物以論及於物之同其種類者之一切而言其凡此其別耳若其所據則一也

果能得正確之推乎

顧玆有當論者以類推法若枚舉歸納法果能得正確之推論而無復分毫之可疑者乎使由各已事之驗推以論其他之一箇焉而不能保其確實則推以及夫一切而言其凡者亦自不敢必謂其確實此不待言者也然則今且先即其推及於箇物者觀之則有如掣籤前此所掣而得者皆爲大吉因謂次乎是而得者亦必大吉可乎籤之出也自同一之箱以其所自出之箱同類推焉謂繼此之籤亦必大吉不可也此鷄而卵謂彼鷄亦卵不可也已事之驗愈多類

推之底於正確也其程度亦愈增此誠然矣顧僅以其多也遂以斷推論之正確而謂無容分毫之疑更挾於其間不可也前乎此者雖未曾見反對之例不得斷反對之例之必無烏而白者未曾一見遂謂天地之間絕無白烏者者存豈能無疑也邪

類推與概念分析

以類爲推與取概念而分拆之者不可混同有烏於此形狀品體與夫烏者一切無以異特其色則白故吾不謂之烏吾所謂烏者以黑色者爲限於烏之概念色黑一事居主要部分設其非黑則不可謂烏此取既定之概念而分拆之者也蓋烏之名既僅以命烏之具庚與己二性質者今分拆之缺其一焉其不得謂之烏乃不待言顧是特名稱之論耳不足與於推論之數推論者必其以烏之爲庚而因推知其爲己也始足云然以烏之觀念合庚己二者而成因抽其己之一焉以論其爲烏與否非推論也故謂使此烏而烏必具己之性質是非推論以其特抽其概念之一以分拆之也必自其形狀構造等（黑色不在其內）諸

相類之點而以前所見之鳥之皆黑也因推及於凡一切之鳥而謂其皆黑質而言之則以其形狀之相類而推及其色謂亦須相類而同其爲黑始足爲推論是始足爲類推也然而遵此術以類推之矣其所得之推論果必正確乎今假以形狀構造等爲庚以色之黑爲己以甲乙丙丁爲前此所曾見者之鳥甲乙丙丁者皆是具庚之性質而且具己之性質矣遂以謂戊之與甲乙丙丁同其爲庚者亦必同其爲己可乎不可乎吾恐其不可也甲乙丙丁者雖皆庚而且己矣庚而不己者之例前乎此者雖未曾見矣而以戊之庚斷其爲己終屬不可戊之一物者庚矣而獨非己亦未可知藉曰無是而固無十分可據之理由此則據前篇所述而可知者也若夫因明家同品之詮索其不足以辨此難也又自不須言矣（第二篇第二章補註一參看）

完全枚舉非推論

枚舉一種類凡所有之物而悉數之一無所漏於此之時其得爲全稱之立言也固不待言然不足爲推論今如一年者由十二月而成矣逐月而遞數之自

一月始盡十二月而止有以見各月之皆不較少於三十二日也因謂一年中凡月皆不少於三十二日是特取所歷數者而總括以言之非由已事以推未事非推論也學者或命之曰完全之枚舉歸納法然於歸納云者終不稱

類推法不在例之多

類推之正確與否常視庚與已二者之關係之如何而定使庚也果足證已之存在而無缺陷則類推正矣使其不然則適得其反若所舉之例之多少實無關於重要也然而曰實例愈多則類推愈確者是無他以實例愈多愈足以見庚已二者之間其關係爲非偶然耳非謂僅數之多遂有效力掣籤者連得大吉因以推測夫次出之籤亦當大吉者非以大吉者之數之多而遂得推其爲如是也大吉者既連見或者籤箱之中故意僅入此大吉者以誘人抑或大吉者之數較其他爲獨夥因以推夫次出者之亦當大吉耳烏之形狀構造同其爲黑色亦同所見之烏益多益以見是烏之形狀構造等與黑色一事爲非第偶然之相値而據此形狀構造以推其有是黑色也將益無可疑非僅以其

數之多而遂得倚爲證據也若使諸事例者而不足據以推察夫庚已二者之關係之非偶然任所舉者多至何等其於類推之正確固亦無能爲役雖多亦奚以爲哉

由是言之類推之正確與否視庚之爲物與已有必相隨伴之關係與否而實例之數之多不與焉僅曰多則任其多至何等不足以證庚已二者之必爲共在也然則二者之必相共在將又何以證之豈由諸事例以推論者其中遂無能底於正確而證其爲然者乎

之論證

由一若數例者推論焉以及於全體果無能達於正確者乎數學之論證常由一若數例者推論焉以樹一全稱命題未嘗有人焉訾其論之不能立者也是獨非其能達於正確之域者乎幾何學者揭一例焉本是以推而更有所立言顧其所言之事則以推而及於一切之事之與爲同類者無不可也是非其明效大驗邪今試以三角形之角度之加而證其爲等於二直角如左

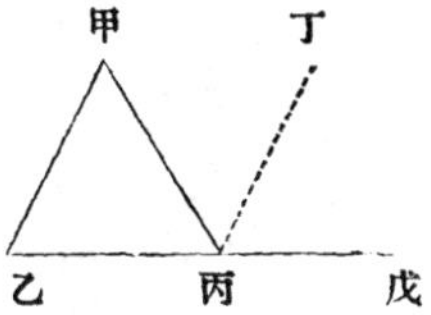

甲乙丙爲三角形。由丙引一直線。使與甲乙線平行。抵丁而止。如此。則甲乙丙之角度。等於丙丁戊之角度。乙甲丙之角度。等於甲丙丁之角度。且由此而推甲乙丙。乙甲丙。甲丙乙之三三角形者。其角度之加。與丙丁戊。甲丙丁。甲丙乙三者之加爲相等。又可知也。夫既相等。則物之足證甲乙丙之一三角形者其所證者。乃不止於一。以之證一切之三角形。亦自無不可。而是非本各個之例。推以論及於一種類之物者之歸納法而何耶。

穆勒氏以爲是非正當適合可以歸納法名者也。奚以言其然也。凡歸納法。必據各個之事例爲證。今則不然。甲乙丙之三角形。所以能成其爲一箇特殊之形者。其大也。其邊之長也。其位置之方也。而今於論證之成立也。顧皆無所與。方其證其角度之加之等於二直角也。其目中所有者。唯一平面形之以三箇之邊形成三箇之角者耳。其大其各邊之長。凡此甲乙丙之三角形所以能成其爲如是之形者。慮皆不入於顧計之中。故彼雖書一三角形者於前。其所以視之者實不在此形之特殊之處。而觀其獨特以爲三角形焉已耳。夫三角形固非僅此甲乙丙者之一形之所能獨居者也。則其所論證者。又豈僅卽此甲乙丙之一三角形者以爲言。乃實爲卽凡一切之三角形以爲言。夫旣卽凡一切之三角形以爲言矣。豈得與推論之據各個例以論及於一種類之物之凡者同論等視乎。故曰。是幾何學之論證者。非歸納法也。抑亦非類推法也。於各個之物。庚已之二性質者。常見其相爲伴而共在。今此一物者。既具有庚之性質矣。故推焉而意其更具夫已。此類推也。而右所揭幾何學之論證。則又不然。

數學的歸納法

彼非據各個物之關係以推知其物之一般之關係者其卽此一三角形所發見之角度之關係實卽凡所有三角形者之一般之關係卽彼卽此更自無待於推何者此一三角形之所以成其爲如是之形者與右所言幾何學之論證乃毫無所關彼其所以視之者特此渾成之三角形而是實非此一特定之三角形者所能獨據此既已言之矣且方爲類推之時庚之與己其於甲乙丙丁（此非右幾何圖中線形之誌乃物之代號也原書本用別字代之今以甲乙等字於中文最慣用故皆用此讀者幸勿泥彼爲此）等物須嘗相共在此固所當注意以覘之者矣而實不止此甲乙丙丁各物所以能成其爲是各物者安在亦須注意以察之焉而離乎其所以成其各物者之事庚己之關係抑且不得而發見右所揭幾何學之論證則不然於發見此甲乙丙之一三角形者之角度之關係也其大邊之長等凡其所以能成其爲如是之形者之事乃毫不相與而直可離乎是以爲之故曰又非類推法也

以最初之奇數一與其次之奇若三相加則爲四（$1+3=2^2$）更與其次之

奇數五相加爲九．（$1+3+5=3^2$）更與其次之奇數七相加爲十六．（$1+3+5+7=4^2$）更與其次之奇數加則爲二十五．由一而以次遞數奇數至九．計得奇數五而二十五則適爲五之自乘．若使更以次而與奇數相加．將見其所得數．仍爲奇數之數之自乘．由一而遞加至十一奇數共六其所得爲三十六．而三十六則適爲六之自乘．由一而遞加至十三．奇數共七．其所得爲四十九．而四十九則適爲七之自乘．任加至何等之多．其所得數．必爲其奇數之數之自乘．數皆可得而斷言．蓋事之持以謂最初數奇數而正確者．以謂其次凡所有之奇數．亦自無不正確也．稍通代數學者．得左之數式．將可證明其然．

$$1+\cdots\cdots+(2n-1)=n^2$$

$$1+\cdots\cdots(2n-1)+(2n\times1)=2n+(2n+1)$$

$$n^2+(2n+1)=(n+1)^2$$

右式．使謂由一至n．二奇數之加．其所得爲等於n之自乘．而能無謬．則持以謂$(n+1)$之奇數亦必無謬而第一第二第三三奇數者之相加皆等於奇數之數之自乘數此既以實際之計算而知之在以上已證明其然故以次相加任至第幾奇數此規則者亦皆無所變可得而斷言也是其式也乃代數學所屢用命之曰數學的歸納法顧從穆勤氏之說以言之是亦不稱夫歸納法之名奚以言其然也使其爲正當之歸納法則不可不本所見之物以推而知夫未所見者之一切物而今則不然奇數之成立之規則可得而豫知可豫知則凡一切之奇數者決不得爲未所見之物第一奇數之量爲一第二奇數之量爲$(2+2-1)$而三第三爲$(2\times3-1)$而五第四爲$(2\times4-1)$而七由是遞進乃至凡n有一切之奇數皆如燭照數計無不周知矣夫周知則卽最初數奇數而可得謂其如是者自可得而以之謂夫一切之奇數卽彼卽此無待於推是豈本所見以推夫未所見者之可比郁夫眞實之歸納法其所舉各個例之成立之規則不得而豫知者也惟不能豫知故欲據歸歸納法以知之使已

知其成立之規則皆爲相同則是於所欲知者而既已知之更復何取於歸納者於甲乙丙丁常見有庚已二物之相爲隨伴而共在此既本已事之驗而知之矣而在戊也庚與已二者果亦相伴而共在與甲乙丙丁者同乎則不能豫知此所以有待於推亦惟然而庚之與已其在戊也果共在與否僅類推焉乃有不能確斷其然者矣

由以上所言者觀之幾何學與數學之論證驟觀之似由一若數例推論焉以及於其他之例而能確實者矣顧於實際非歸納法類推法爲由一若數例以推論夫其他之例矣而不能達於確實然則由一若數例推及於其他之一例若一切者將奚遵奚據以達於確實乎是問題者正歸納論理所宜解答者也

第五章　貝根之歸納研究法

貝根與穆勒

歸納派之起也肇自歐州近世而其開祖則貝根也穆勒氏之說要不外以貝根氏爲基而更有所進焉者能彼此相較以觀之其於得歸納法之眞相實甚

有益之業也故今於述穆勤氏說前姑畧述貝根氏說焉

貝根氏以爲僅以各箇例爲根據以推論其他是不能達於確實之域也一物有一物之性質是曰內恰 Nōtone 內恰之成其爲如是也又有使之然者是使之然者之物則曰佛模 Borm 凡內恰必有佛模者與之爲麗無佛模則無內恰無內恰則佛模亦無所於麗也且內恰之存在特多之處佛模亦必特多少處佛模亦少故將由各箇例以得一通則也則須撿是佛模者而究明之以甲乙丙丁之皆已欲以斷言夫戊之亦已也須深知是戊者與甲乙丙丁爲有同一之佛模焉始可甲乙丙丁之與戊其俱具有庚之性質也雖相類似抑非全無關係之物然使於庚之爲物不能確定其爲已之佛模則戊之與甲乙丙丁者同其爲已也亦自不可得而斷定何者庚既非已之佛模則在甲乙丙丁各例庚之與已雖相爲伴而在戊也或屬獨存僅較諸甲乙丙丁之例因以其所得者移而謂戊不可也若夫庚之爲已之佛模而既可確知矣則无慮此不

獨移以謂戊之一物可也移以謂凡一切之物之具庚之性質者而斷其爲皆已亦自無誤故佛模之發見於歸納法實最爲主要之端三段論法之大前提因明之喻體凡立言之遍通者其所表示皆不可不爲物之佛模也然則佛模之發見之方於吾人知識之進步其最要者乎

欲發見一內恰者（即性質）之佛摸須遵何等之方法乎貝根曰譬如有温熱之內恰於此將欲發見其佛模須先列舉各品物之具此温熱者如日光温泉火焰炭火温血動物劇經摩擦之物温暖空氣及其他等盡所知者而止以爲第一表次更列舉夫品物之不具此温熱者如月光冷泉及其他等爲第二表但第二表所揭物須力求其與第一表有關係相類似而唯無温熱之內恰者如是以二表並列而觀之將其佛模必可發見於第一表所揭各品物之中何者凡內恰之所在必有佛摸者與之爲麗焉故也且第一表所揭之品物苟其所具之事與第二表品物中有一焉或相通將必不得爲温熱之佛摸以佛摸者

第一表

第二表

常與內恰相麗第二表之品物無具此內恰者佛摸亦自必不存於其物也是第一表所揭品物曰積極品第二表者消極品

同爲温熱之品物矣於其中又須隨其温熱之多少以列記之而凡其品物所具之性質其不與温熱共爲增減者則皆可定其爲非温熱之佛摸何者以佛摸者常與內恰共爲增減温熱之內恰特多之處佛摸亦特多少者亦特少今既温熱增減矣而獨不增減自無爲佛摸之理也似此隨温熱之差等而列記者是曰第三表

省除法

貝根之意以爲據三表觀之因遞除其品物之性之不足爲佛摸者將温熱之佛摸之眞自可得而見是非佛摸者將奚術以除之乎今特爲舉數例則首須除其屬於地者以太陽之光未曾屬地而能有温熱也次須除其本乎天者以月光本天而無温熱温泉等有温熱而在地中不屬於天也次則光之性質不足爲佛摸而須除之月雖有光而無温熱無光者之動物反具有温熱故也次

則傳送物質之事亦不得爲佛摸而須除之凡熱鐵石等雖以其温熱傳諸他物使之成温而其鐵石之重量則仍無所減若使是爲温熱之佛摸則其温熱既以傳諸他物而有所減矣其自體之量亦必有所減也似此遞減遞進以得佛摸之眞爲止則其於終也將必能發見之盖一內恰者原必有佛摸焉與之爲麗而特未知其孰是今既盡減其非佛摸者而省之眞豈有不能得者乎此之謂省除法

貝根氏之與因明之異同

列舉夫此具温熱者之積極品幷列舉夫不具此温熱者之消極品兼覧並營以求佛摸之所在與因明之詮索同品異品以覘因之正否者頗相似然貝根氏以發見夫一內恰之佛摸之尚未發見者爲目的因明則以審判所既揭者之因之正否爲目的也又貝根所謂第三表者在穆勒氏之歸納則甚爲居要而在因明則無與之相當者是亦二者之異要之因明之審因法與貝根氏之研究法雖頗相類其全體之主眼則大異前者特以示論理之所據無不合法

之處後者則以示實際研究之塗爲其目的之所在也。

貝根氏之研究法略如以上所述顧其所說殆不得云甚精所謂佛摸者抑果何物乎並有當論者存也彼之意蓋以物之單一性質如溫熱重量等爲內恰集數多之內恰而爲一焉則爲物而內恰之所以成爲如是者則爲法 law 是法者卽佛摸也顧氏所謂法者與近世自然科學所謂法則若天則者意義不同氏於此語雖爲諸多之疏辯究其所謂佛摸者實含有一現象之基本若基因之意義也此外關於此說雖更有當論者茲措之不具論姑進而卽其他之點稍衡其得失焉。

貝根氏之論評

貝根氏謂欲知溫熱之佛摸須舉品物之具有溫熱而爲吾所知者悉數之列爲第一表顧於吾所知者悉數舉之果足以得溫熱之佛摸乎使吾人於品物之具有溫熱者所不知者多而所知者少雖使盡所知者而舉之其所得果能正確乎夫謂舉吾人所知者而盡舉之實際有其難行者且其所以必須如是

之故又安在耶此等問題據貝根氏所說者以求之俱不能得明白之解答也且既以所舉之數之多爲尚矣則欲研究之極其精確須舉凡所有一切之積極品而悉舉之而是終非能行之事悉積極品而舉之云者與因明之悉舉同品以確見其因之存在云者正無以異異品之出於吾人之知識範圍外者其爲數何限苟非皆舉此異品者而盡察之又安保其不爲同品而欲盡察之則其物既出於吾人之智識範圍外矣微特不能抑亦不得也要之貝根氏之於揭第一表也其盡吾所知者而止云者實茫如捕風固不適於實際之用耳

貝根氏所說有其未精細之處矣然氏能有見於眞實之普徧知識（如三段論法之大前提及因明之喩體所表示者）非本各箇之品例以爲之基爲不能得抑且有見於僅由各箇例直推焉以論及一種類之一切之物而言乎其凡者其知識爲萬不能確實是則其特識之所在也若夫其不安之處苟與穆勒氏之說相較將益可明故於次章述穆勒氏之歸納法焉

第六章　因果律

三段論法之大前提非斷案之證據也使以爲證據則不免於竊取論點之非而眞足以證斷案者惟前此所經驗者之各事實耳今欲論某之有死胡以證之某之父母祖父母乃至其他凡往時頁生而來者之人之皆已死有以證之據是爲證以之斷一人之有死也可以之斷凡一切之人之皆有死也亦可蓋二者所及雖有偏全之異而其所據則實出一源此而確彼亦自不得確也且惟本是證據者足以斷凡一切之人之皆有死也乃足以斷某之一人之有死而無所缺凡庚者皆已也必能如此立言時始能據甲乙丙丁之皆庚而且已也以斷戊之以其庚之故而亦必已設僅據甲乙丙丁之庚而已不足以斷夫凡庚者之皆已則於戊之一亦復不能斷其然蓋斷案之正確與否惟視庚已二者之間有必然相伴之關係與否僅以例之多焉不可也穆勒氏之意見如此此於第三章亦既論述之顧欲由甲乙丙丁之爲庚而且已以推論夫戊之

一必其先能推論焉以及於其凡而無不確始可此固然矣抑由甲乙丙丁各例直推夫一種類之一切之物而謂其以庚故而皆已也必須有所根據焉是根據者又安在乎穆勒氏以爲此則天然之同一 Uniformty of Nature 是也

天然之同一

使天然之搆造龐褷多岐物之爲庚者或爲已或不爲已如此則甲乙丙丁之庚而且已雖得確知而以斷戊之以其庚而亦必已也不可以斷凡物之庚者之皆必已也亦自不可而其實固不然天然諸物運行常有以見其同一故吾人得有所根據以推類而歸納也且謂天然諸物之運行同一云者非謂凡前此所觀察之各物而確知其爲如是者繼此以往任於何際皆將一成不易而必見其爲如是也吾所曾見者之烏盡黑者矣不得謂一切之烏之必盡爲黑日夜相繼如轉輪然此自吾有生以來卽見其如是抑詢諸長老徵之史乘遠至數千萬年以前無不如是矣然不得謂後此者之亦必永久如是也某地每三十年間必大震一次是爲已事之驗謂繼今以往三十年中將必有一次大

震可乎不可乎故本斯意以爲言天然之現象非亶謂之同一焉不可也却見其全不同一人事之變化漫無紀極氣象之變動亦無固常觀乎此而可見矣然而猶得曰同一云者無他蓋以言其因果也日夜代繼振古如斯胡爲而獨如斯有致之然者焉則太陽與地球之關係是使二者之關係而不變則日夜之相代而至亦將不變也三十年間之必一大震也亦有其使之然者使使之然者而不變則地之三十年而震亦將不變也是使之然者何所謂原因者是也原因不變則結果亦必同本此同因必生同果天然之同一云者正謂此耳此之謂因果律曰天然之法則曰自然法要皆不外表明乎此律者耳

從穆勒氏之說則一現象之生也必有其原因者先之以立無違（無誤之意）且有其原因矣則必有一現象者踵其後而起以爲之結果亦無違故原因者立於現果之先而不違結果者踵乎原因之後而不違者也雖然僅是說也猶有所未盡晝之與夜相爲前後矣豈得以其間爲有因果之關係者晝先乎夜而不違

不得謂爲夜之因夜踵乎晝而不違亦不得謂爲晝之果也何也蓋晝夜之相爲前後非無所依而自然者太陽與地球二者之間有其特定之關係唯晝與夜亦依之以爲循環而無所誤設二者之關係而或破則晝夜亦將隨之故因之與果須相前後而不違矣又須無所依謂甲之爲乙之因也僅以甲之先乙而立而無少違誤者以定之不可苟甲而存則必有乙者踵其後而起抑更無俟於其外必如是焉始得定乙之因爲甲也

因果之間。不違且無無依一語。已足以盡其關係。越此以往。皆無根據之想像。爲吾人所不得而確知者。通常謂因生果云者。即此類也。蓋因之爲物。僅其別無所依以立於果之先。而且無誤。爲吾人所能知。其爲相生與否。則所不得而知者。吾人雖從通常之語。萬不可誤焉。以爲有相生之意也。

穆勒氏之因果論果如何乎今不復論評之學者但能知氏所謂因果之關係者爲何并牢記夫其關係之同一爲氏歸納法之所根據足矣顧茲有當問者使遍撿夫甲乙丙丁各品例而知庚之爲已之原因則凡爲庚者其與已也必有確定不違之關係可得而知此固然矣以因明之論式言之則使第二支之

因與宗之後陳者其間果有因果之關係與否又奚所據以知之穆勒之於答此問題也則更有所謂歸納研究法者焉以因果律爲據而卽各個事例之現象撿其何者爲因何者爲果是卽其法也於次章姑取而論述之

第七章　歸納之研究法

將欲詮索各事實而從其中得一通則焉據穆勒氏所揭者則其方法有四是四者卽其所謂歸納研究法者也今且以次說明之

將欲求一現象之因或究其果須取其外緣而精查之且一現象之因與其果多非孤立而常與其他之現象者相爲結合焉而共存此吾人於窮因究果之時所最爲目熒神眩特感困難者也今如秋夜之間草木之葉露結如珠於此而查其四圍則有草木焉有空氣焉有地面之情狀焉有陰晴寒暖氣候之異焉諸種現象皆與此露結之一現象者相爲羣伍而爲其外緣試問露之結也

其因安在孰爲之母致是瀼瀼者不易識也顧不易識而必欲識之則又將奚術以致之假如甲與乙丙者襍然駢存且先甲之生而立焉者又非一物而有呷叱㖪之三現象焉襍然駢存於此而欲求夫甲之原因於呷叱㖪三者之中居其何一又將奚術以致之穆勒氏以爲是非廣爲觀察焉不可僅一見夫甲之次乎呷叱㖪而踵其後而起則孰爲之眞因有不可得而別也奚以言其然也使僅卽一而觀之則甲之現象既與乙丙等襍然共在先乎甲者又復非一有呷叱等與襍然共在如此則孰爲孰之果固自不能定若使取數多之例廣覽並觀比而較之使是數例之中唯呷之先乎甲而立爲相類同越此以往無周通於此數例而遍爲存在之事則呷之爲其因若爲其因之一部有可得而確言者矣今以代號示之則如左

(一)呷叱㖪……………甲乙丙

(二)呷叱叮……………甲乙丁

類同法

(三)呷哦吧……甲戊己

於右所列呷叱哂三者常先乎甲乙丙而生呷叱叮先甲乙丁呷哦吧先甲戊已而比而較之則見三者之中其相類同者唯呷之常先乎甲之一事耳由是以推可知叱之必非甲之因凡因常先乎其現象而立而不違今於第三例中雖無叱而甲亦生是叱非必先乎甲者故非其因也哂亦非甲之因於第二例無哂以先之而甲亦生也其他若叮若哦其皆不得爲甲之因也亦自可類推然則於呷叱哂叮哦五者之中其足爲甲之因者固自舍呷而莫屬也且遵此術以求之所查事例又不必其多也但得二例焉一爲呷叱哂之先乎甲乙丙者一爲呷叮哦之先乎甲丁戊者則呷之爲甲之因也已可推而知而無所俟於其外如此則實際難行之事若因明之遍撿異品與貝根氏之盡舉吾所知者之品例云者皆可免矣穆勒氏以此法主眼在於由數例之中發見其類同之點以定夫一現象之因之所在也故命之曰類同法

以上所言乃專卽發見一現象之原因以爲言也顧因之與果如物之兩端有擧此見彼之效以右所論述者爲之例則自甲言之爲發見其因之呷矣而自呷言之則爲發見其甲之果特有逆數順數之別實非異事也故繼此所述皆專言因以因既得則果自可明耳

今更將用此類同法時所當遵之規則以次揭之所謂類同法之歸納則者是也其規則如次

一現象也而與數品例者爲麗而是數品例中又僅有一事焉周遍於其物而霜類同則其事卽爲該現象之原因若其結果

據類同法以求二現象間所有因果之關係如以上所述矣而欲呷之現象爲甲現象完滿之原因則必確知夫現象之先乎甲等而存立者之外更別無現象者存焉始可卽右例第一言之必確知夫立乎甲乙丙之先者惟呷叱哂而於外更別無現象者隱匿於其後始可也若使於此外而更有其他之現象者

隱匿於後焉則是隱匿之現象者或居甲之原因之主要部分亦未可知如此則呷非甲之完因特其一部分耳豈但是哉是隱匿之現象者或爲甲之眞因而呷者特常與是隱匿之現象者相爲隨件而如晝之與夜然亦未可知如此則呷之與甲乃毫無所與雖視爲其因之一部亦不得也顧分拆一切之現象而盡指摘出之是實非易易之事重要之現象往往以其隱匿之故遂遁自吾人視界之外致漫不加察焉此吾人於窮因之時所最當用意以致其精者也於數例之中惟呷之先乎甲也爲相類同是可以確知呷甲之間有因果之關係矣設更取數例者而觀之而見其凡無甲之現象者皆無甲焉以先之且惟此一事者於數例爲相類同則呷之爲甲之因也將更確今以代號示之則如左

(一)呷叱㖠……………甲乙丙

(二)呷叱叮……………甲乙丁

（三）呷戓吧……甲戊己

以上數例惟呷先乎甲之一事者爲相同。

（一）哱呸唉……辛壬癸

（二）嗩哂吧……庚丙己

（三）呸叽戓……壬乙戊

（四）哱叮唉……辛丁癸

以上四例惟無甲者亦無呷以先之之一事爲相同。

凡無甲者皆無呷焉以先之後四例中惟此一事爲相類同其他無類同之點也如是以觀之則呷之與甲其有因果之關係也較諸僅據前三例以求之者爲更確蓋於前三例見呷甲之共在於後四則見呷甲之共不在可知有呷以爲之先者則甲必踵乎其後呷苟不踵乎其後則必呷之不立於其先表裡夾觀以致窮因之業其效自強也是其法也名曰二重類同法（乃貝根氏所用之名稱）但後

例共不存在之類同設單獨以觀之則無其益須與前例之呷甲共有者之類同彼此相照始有效力耳又呷甲共不存之例蒐集愈多則裏面之證據愈強奚以言之於前三例推測乎呷之現象以爲甲之因矣設或不確而於呷之外別有爲甲之眞因若爲其因之一部者則於哂叮戕晬旺等諸多之現象中或可遇之乃今哂叮等諸多之事例雖生於先仍無復甲焉者以踵乎其後而甲之生也乃必俟夫呷者之有以先之則呷以外之現象別無爲甲之因者存而甲之眞因爲在於呷益可確信矣

若使他現象之與呷相爲伴而駢存者於呷之不存在之際一無所遺而皆復出現則呷之與甲其有因果之關係也乃愈無疑譬如後四例最後之一例晬叮唳也使取其唳而以戕代之則爲晬叮戕如此則與呷爲伴之叱哂叮戕爲俱出現設是叱哂叮戕者以無呷焉與相爲伴之故其中無一焉有甲之踵乎其後而起則甲之因之爲在於呷也自愈可明於此之際是二重類同法者其

効力與次所述之差異法殆無以異也。是說爲穆勒氏所無。以其有當知者。故述之於此。又本書於敘述歸納研究法時。其次序非盡遵穆勒氏。時或爲之顛倒前後。要取其意旨之易明耳。

二重類同法之歸納則如左。

有數品例於此。俱有此一現象者存。而是數品例。又惟有一事焉。爲相類同。又有數品例於此。俱無此現象者存。而是數品例者。又惟於不具此一事之點。爲相類同。則其事（卽前例皆有後例皆不有而致前後例之差異之事）卽爲該現象之因。若其果。抑居其因之主要部分。

於前數例。惟其共有此一事之點。爲相類同。於後數例。則惟其共不有此一事之點。爲相類同。二重類同法。乃本此類同之點。以推知其事之爲一現象之因若其果者也。自此言之。是不外一類同法耳。顧於前數例。則覘其共有。於後者則覘其共無。本有無之差異。爲推知之根據。自此點言之。則又差異法矣。故穆勒氏名此二重類同法爲類同。差異。併用法。以其爲兼審同異。而推知因果之

類同差異併用法

差異法

法故也何謂差異法審二品例者相差異之點以知一現象之因若果者是今如於呷叱㖪叮之後常有甲乙丙丁者踵之以起今以呷之不存在而甲者乃亦隨之而不生起而與前異且其相異者止此而其他仍復盡同如此則呷之與甲其有因果之關係可推而知矣如左

(一)呷叱㖪叮…………甲乙丙丁

(二)叱㖪叮…………乙丙丁

以右二例相參較則甲之原因其必非叱也可知且其非㖪非叮也亦可知何者叱㖪叮存在之處雖有乙丙丁者踵之而起而甲獨不然故也且以呷之缺也乙丙丁者皆依然固存而惟甲獨隨之而缺是呷之爲甲之因也固可確知所可慮者數多之品例其惟於呷甲共在之點有其差異之可言越此以往全相同一者求諸天然之狀態頗不易得耳不易得則歸納之法又將何所據而施穆勒氏以爲是須以人工造出之始可此歸納之研究試驗之所以不可缺

也蓋天然之物有爲吾人所可得而觀察而難得而試驗者是以用類同之法爲宜差異之法則施諸物之可以人工試驗之者爲宜使試驗之時於呷叱哂叮之中用人工焉摘呷之一現象者而除之因而甲乙丙丁之中獨甲者亦隨之而不見也則甲非呷之果而何又使於物之以叱哂叮而成者特加夫呷於時而乙丙丁者雖復依然而特更有甲者起而與之爲駢則呷非甲之原因而何且以人工爲之又可不慮夫呷叱哂叮之外更有隱匿之現象者以爲之伏因而所得之因將爲更確此又一特長之處也

差異法之歸納則如左

有二品例者於此其一爲一現象之所存在其一則爲是一現象者所不存在設是二品例之間有一事焉爲獨相異（即一有之一無之）則其事即爲該現象之因若其果若居其因之主要部分

一現象之爲因者常與他現象者襍然駢存欲別其孰爲因須使之與他現象

者離而觀之差異類同二法者其窮因究果也蓋皆離之以觀其孰是者也然物非盡可使之離者如温熱凡物體皆具有之特其量有多少之差耳然而欲使全與其所麗之物體離則殆萬不可能之事於此之際欲窮其因果又將奚術以致之邪是有相變法在一現象者其量獨視他現象之量以爲增減而此外之現象則依然如故是其二現象之間必有因果之關係相變法者卽察乎是以知其關係者之法也今如呷之與叱吶甲之與乙丙是諸現象者欲使相離皆不可得而能矣然使呷之量而有所增減與前相變而叱吶依然如故甲之量亦隨之而有所增減與前相變且其變也又與呷爲平行之比而乙丙則復依然如故是呷與甲之間其有因果之關係自可得而認識也以圖式示之如左

（一）　呷一叱吶　　甲一乙丙

（二）　呷二叱吶　　甲二乙丙

(三)　呷[三]吖呐　　甲[三]乙丙

(四)　吖[四]呐呷　　甲[四]乙丙

如右式。吖呐及乙丙。皆依然如故。惟呷也其量有所變。而由一而增而為四。惟甲也隨之而變。且適與為平行之比例。而亦由一增為四。是呷與甲之間。其必有因果之關係。可推而知矣。不亶是也。有二現象者。於此其有因果之關係也。據差異類同之二法。雖足以知之矣。然欲學術之達於精深。非僅漠然知此而遂已足也。須知其數學上之比例焉。不如是則吾人之智識。終不能底於明而確之域。而是則非據相變法以求之。實別無其術。貝根氏第三表。於穆勒氏歸納法中所為居要。正以此也。但用相變法時。須詳查夫隱匿現象之有無。使有之。則呷與甲雖為平行之增減。而非必有因果之關係。別有伏因者存。而是增減之平行者。特其聯帶之結果。亦未可知也。但此等疑問。見於天然物者多。若用人工試驗。使之增減時。自可無此慮。　相變法之歸納則如左

一現象有所變時。常一有事者隨之而變。則其事為該現象之因。若其果。又其與此現象之間所具因果之關係為何等之比例。亦可以此而知。

用類同差異相變三法研究天地間現象而窮其因果既有所進步矣更有一法焉可以速其進則剩餘法是今有數現象者於此常踵其他之數現象者之後而起而是現象之中某爲某之原因若其結果本既往之研究又既有所知矣因取所已知者而除之則其剩餘之現象者爲必有因果之關係亦自可得而知譬如甲乙丙者常踵呷叱哂之後而起矣本既往之研究而叱爲乙之因爲所已知哂爲丙之因又爲所已知於是由呷叱哂之中除其叱與哂二者於甲乙丙除其乙與丙二者如此則剩餘之呷與甲者自必有因果之關係乃不待言穆勒氏所謂剩餘法者卽此也近世學術上之發見此方法之力固正多耳以圖示之如左

(一)呷叱哂……………甲乙丙

(二)叱……………乙

(三)哂……………丙

雖呷𠮙𠰺之現象不能直接分拆之而使呷與𠮙𠰺二者相離之時是剩餘法者仍非不得用也若由呷𠮙𠰺中能引呷而離之則所得爲𠮙𠰺……乙丙是正可用差異法之處

剩餘法之歸納則如左

本已往所歸納而知一現象中之某部爲事之先之而起者之某部之果矣則取而幷除之而其自餘之現象必爲自餘之事之先之而起者之果也可知

以上所述類同二重同類附差異相變剩餘四法者是穆勒氏所謂歸納研究法氏之意以謂一現象與一現象之間欲取其因果之關係推而知之計無有出於此四法之外者矣而所用以致其推知之業者則觀察與試驗是何謂觀察觀天然之事物而察其何等現象常與何等現象者相爲件或相前後焉者是也而於此之際則須虛心平氣以爲之一已之想像先入之主見好惡之偏僻或

褋於衷俱足以使人迷而顚倒客觀之事實是不可不力戒者也且觀察云者將以達其所研究之目的也是須具明敏之眼藏而能知必所以觀之者如何方爲足以遂吾事焉始可非漫無紀極見所見而聞所聞遂可以自喜而見謂無不足者也使其如是徒集數多之事實而記錄之耳將終無所得矣前所揭歸納則盖皆以示所以觀之者須如何而定其着眼之點者

以廣義言之試驗亦觀察之一種耳要不外取事實而觀察之特其事實爲以人工而生之者耳顧今特命後者曰試驗命前者之不需人工而純加諸天然之事物者曰觀察者取易識也實則二者之間非能爲立甚明之界曰觀察曰試驗俱須吾人之力以爲之其所觀察之物雖有天然人爲之別其爲觀察之事則一也至其事之須如何以致之乎是則又視學者之才能矣

歸納之研究法盡於以上所述四者矣穆勒氏以爲學術研究之道實不以是四者爲限方其始也固不可不用歸納法矣一旦本是法者而於事物之因果

百三十六

實見之證明

之關係而有所知則可據以爲基更演繹焉以推定其他現象者之生起之規則今如呷原因之法則與叱原因之法則既用歸納法以知之矣呷叱二因聚於一所其所呈現象又當如何是雖不實驗以求之固可演繹焉而推知其效於空氣之有重量也既知之於流動體之具有抑壓之法則也既知之如此則以水銀注諸妥爾沙里氏之管自可有以斷定其所止之處高居何等空氣與水銀爲同一之直徑迨水銀之重量與空氣等則必止於其處此無待於實際計算自可周知也近世星學家據引力之法則以演繹焉至能發見夫新星體此外各科之學絕不用演繹之法者殆亦無之使其不用則於窮理致知之事將如去其一臂焉是非臆造之論也雖上所述四種之研究法中所謂剩餘法者亦頗具有演繹之趣此實一見而可知其然者矣

於各箇之因既有以知其法則是各箇之因者滙而合於一所時其所呈現象當復如何自可演繹以知之是既云然矣顧天然之現象者彼之與此常互相

影響頗極複雜就其一因雖有以知其則矣而數因之合果更無他變相者踵之而起乎則頗有難斷言者且一原因者其獨立而與他因相離時之法則及與他因合而驟見其不同其事往往有之此一人者能爲若干之動作彼一人所能爲者又若干皆知之矣而及二人者合同作業因取二人之動作以數學相加之法加之則每陷於謬誤蓋二人者以其合同之故而新現象者或生於其間仍本其一人獨立之時之法則演繹之以推定其結果固不可也然則於此際而欲推而知之又將奚術以致之曰是非知一因者與他因相合之時之則法焉不可於一人之動作不第自其一人者觀之已也又觀其與他人之動作相合之時之法則果爲如何如是以爲之庶幾於無誤耳然以現象之關係常互相影響而且極其複雜也是一因之與他合時之法則者僅據所已知者而演繹以推定之固不足演繹焉而意其宜如是矣又須參諸實際之事例以驗其如何此證明之所以必不可缺也若演繹之又證諸實際以明之果有其

證矣於是所演繹而得者之法則乃非偶然之合而實有其爲一通則之價値蓋必有實驗之證明繼演繹之後演繹所得方可不虛此必然之理也使演繹而得者之法則與事實合則所據以爲演繹者之歸納研究將益見其確實由甲乙丙各例歸納焉而得一通則矣今本此通則更演繹焉以推諸所未知之戊而徵之實際戊乃果如所推如是而最初之歸納其正確不益可明乎據星體引力之法則爲演繹之基礎因自所已知之游星之位置以推謂某時於天之某方當有向所未曾見之一游星者見焉旣而執望遠之境以覘果有是新星體者見於其方而適如所豫推是引力之法則更得一左證而益見其確也故演繹雖據歸納而立抑又足以確明夫歸納之功故凡學術有三級焉首曰歸納次則基於歸納之演繹次則演譯所得者之歸結之證明演繹於學術之研究決非無用之物穆勒氏唱歸納之法亦非謂演繹之無其用特謂演繹之基礎須置諸歸納而不可不由之造端發軔焉耳

第八章　歸納研究之實例

結露之原因

歸納研究法得前數章所述已足以得其要領矣更舉一二例焉以示此法之胡以應用則其法將益可明而最適之例爲學者所慣用者則威勒士之結露原因說是也自哈西黎氏首引用之厥後穆勒及貝因等又皆承用焉今仍以之爲例而述之

物體之表滴然如珠非雨非露抑不能確言其何自而來者人皆知其露也而是露之凝而成其爲如是之形也其因又安在邪將欲知此是不可不取結露之事廣覽並察之夏日暖時於玻璃盂中注以冷水則盂之外側有露凝然或急霙驟至寒風助之室廬而外溫度頓低於時舉目瞥視將見窓際所嵌玻璃有水滴焉麗其內側又取寒冷之石或爲金屬以氣息噓之亦見其然凡此皆結露之事也而苟一用心察之將見是諸事者有一現象焉通乎彼此而相同一其現象爲何則諸露結之物體其溫度常較四圍之空氣低焉是耳顧玆尙

有一當注意之事焉秋夜之間草端木葉旡慮有露凝之於此之際亦得謂是草木之物體者較四圍之空氣其温度爲獨低乎恐是非若前數例者之易得而斷言也然不易矣苟以簡易之試驗求之將其然與否遂有可得而確定者試於夜間取二寒暑表一使與露結之物體者相觸一則離而別置之如此則物體之表面與周圍空氣其二者温度之差可得而知知之而見夫物體之温度之亦爲獨低也則凡物體之有露結之者常較四圍之空氣特冷自可得而斷言蓋徵諸各種之物體驗之於各種之時各種之處凡露結之事與夫有露結焉者之物體其爲情狀雖千差萬別而獨其較空氣冷之一事爲相類同也然則於此之際類同之法爲可得而用矣雖然僅是固猶未足將結露之事爲因有以致物體之冷乎抑特以物體之冷之果而遂見露之結乎草木之葉於結露之時常較四圍之空氣冷矣庸詎知其非以結露之故致是涼涼者耶且物體之較冷徵諸數多之事例其事固爲類同矣庸詎知此外遂別無可言者

乎結露之事或別有隱匿之現象者爲之因物體之冷與同爲其連帶之結果亦未可知縱使較冷之事遂爲結露之因又庸詎知其果爲完全之因而無他因者與之駢襍焉而與有力邪夫欲分折此諸現象者而一無所遺至難之業也難則不敢必事之遍通於諸現象而爲吾人所未加察者之果無欲有法以祛此疑是非用其他之方法而更進而研究之不可也

差異法

然則更用何法以求之乎夫既自其類同之點以觀之矣次可比較焉以觀其異於同時同處玻璃之板有露結之而既經磨治者之金屬則不然是彼此所以異者不可不求諸其物之質矣故露結之原因與物體之質爲必有所關係可推而知而是所用者則爲差異法

相變法

次更可比較其多少焉以觀其變有數多物體於此其面之平而滑也同其質則異取而覘之則見凡其之傳熱特難者露之結之也易其傳熱敏者其結也則難夫他事盡同獨以傳熱之難易而結露有多少之差是結露之原因與是事者必有所關可推而知何所據以推則

相變法是也

非亶是也物體者其傳熱遲速之度同矣而以面之差異露之結也又有難易之別有同一之金屬者於此其一之表面經磨治而眞平其一則凸凹粗确粗确者之散熱也易露之結之也亦易眞平者其散熱特難露之結之也亦難夫同一之物體置諸同一之境特以表面之異散熱難易之不同而結露之難易以分是其事與結露之因必有所關矣是亦據相變之法以推知之

非亶巳也於物體之質與其表面之外更即其組織以覘之將見緩而疎者其結露也易緊而密者則特難是亦相變法也顧是與傳熱之事所持非有二故以凡綿布剪絨毛織等物其組織疎緩者其傳熱必鈍特所以觀之者異耳然得是而前所用之相變法將可益見其確非無益之舉也

據右所述之相變法吾人所得有一事焉凡物體其由表面散熱特易而自其他部分以傳熱於其表面也又特難者最易結露此即其事也而是物體者必

爲易冷之物體。何者。其散熱也既易。則當夜間周圍空氣冷時。必從表面散發其熱。而以傳熱之特難也。又復不能吸收四圍之熱。或自其他部分者得熱之貢給焉。是其失之自表面者。乃無所取償。舍易冷將安所居也。夫易冷則較空氣之溫度必冷。較冷而易結露。則與最初所據類同法而發見者之事正相契合矣。

二重類同法

類同法與相變法。二者所得既相合矣。於此之際。二重類同法。乃更可得而施。蓋通檢數多結露之物體。以散熱易傳熱難之故。其表面皆較四圍空氣特冷。且唯此一事。爲通於諸物而相類同。而反乎是而不結露若結露特難之諸物體。其不具此一事也。又相類同。且於此一事之外。又更無一事焉爲相類同。是二重類同之條。亦已備具於此也。

吾人所得。既如斯矣。物體之較冷爲結露之因乎。抑結露爲較冷之因乎。嚮之僅據類同法而不能確定者。至於是乃有可得而斷言。蓋物體之冷既以散熱易傳熱難之故而明矣自無待於假露結之事以說明其較冷之因而視較冷之事爲因謂其有以致結露之果乃屬當然之事也若謂此二事者或別有隱匿之現象者爲之眞因而是特其連帶之結果乎是誠在或然之例而不能無疑而欲法此疑正須進而更有所研究耳

何以袪此疑乎今試取一物體用人工致之使較周圍之空氣特冷則其物體之表面將有露焉滴然而呈雖以物體種類之異空氣之情態之不同露之結也其温度不得而一定要其對四圍之温度設冷熱之差而大則無不呈結露之現象者自可斷言至而是正可用差異之法而以此現象之因歸諸物體之較冷者也一物體者自餘狀態依然故常毫厘無變特以温度之較低於四圍之空氣而向此未有者之露乃滴然而呈是其因果之間尙有何可疑乎夫無可疑矣然則最初之時直用差異之法以斷言夫結露之原因豈不已足者而更假乎其他之方法者何耶曰是非以差異法之不足以斷之而然也確定一

現象之原因使無復容疑之地本差異法之特長更有何不足者但不假他法以先之此際之宜用差異法乎否乎則有不可得而見者耳卽如今所言之例使非先用類同相變二法者推而知夫結露之現象與物體溫度之減有其相關之處則於物體之諸多狀態之中特取其溫度一事而用差異法以覘之之術乃無從浮於胸臆之間如是則差異之法又安能用之於最初乎

不獨用人工焉得施此差異之法以窮因究果也天然者亦時或自進而爲吾人行此試驗任於何地其上懸有物焉爲之覆蔽則其下無結露者陰雲障天物之結露者恆稀迨雲散天晴數時之間突見露結且團團者甚繁也而倏忽之間陰雲又來則露之已結者往往蒸發仍失所在是皆何故乎雲之爲物常以空氣者爲之介而散其熱於物體從而物體之冷度乃爲所夭閼而不能驟進故天陰則物不能失熱而晴則失之失之故露結也夫雲則不露而晴則見其結是與減物體之溫度而以差異之法驗之者又何以異房屋蔽地則其下

無零露之處是其理不又同邪惟是天然之試驗者宏而且大或別有隱匿之現象者存亦未可知故吾人者須以人爲之試驗益之而不可專事倚賴耳要之相爲參伍其効力之巨大固自可知也

據以上所述各種之研究物體之表面較冷於四圍之空氣爲結露原因之所在可得而認識矣雖然僅是仍未足也是其爲結露之因固無可疑矣然未必遂爲其完全之因或有他因者襍之而是特其因之一部亦未可知且自露所結者之物體而覘之其定以爲結露之因者於較冷之外固別無可指摘之事矣而物體以外之端未必無事物焉於結露現象之生特有力焉奚以言其然也以吾人所實見者言之露之結也非苟物體之表面較冷於四圍之空氣卽見其然也物體之表面非較冷於四圍之空氣不能有結露之事矣而卽較冷亦未必盡見其結露設較冷一事爲結露之全因而無待乎其外則既較冷矣豈有不結露之理乎又用差異法而以人工爲試驗時於同一物體之表面其

結露之温度亦復不同自物體求之其質其表面粗密之度其温度盡泯然同一毫無差異矣而或結露或不結露然則結露之原因勢不可僅求諸物體之狀態而於此外必更有爲其因之一部者存甚明之事也而有之則舍求諸周圍空氣之情態又更別無其所矣獨是是因之一部者將歸諸空氣之何等情態乎僅歸之其温度焉必不可以在同一之温度而露或結不結也僅歸諸物體表面之温度與空氣温度之差焉亦不可以其差異雖相同一而露亦或結或不結也夫二者皆不可則須求諸此外之諸情態而苟其不得則結露之因仍爲未得完備之說明也

結露之因於物體較冷以外更須歸諸空氣之何等情態乎至乎此而僅據歸納之法有不易於發見者幸也吾人有本歸納法而得者之法則者存由此演繹之今之問題乃可得而決前章謂於學術研究之法演繹爲必不可缺以此也奚所據以演繹之乎據德耳頓之說空氣所挾之水分視其温度而異特定

之温度僅能挾特定之水氣越此而往則非所能任而水氣者乃由氣體變而爲流體以降落焉且空氣之温度高時其所挾水氣常多低則所挾少故空氣由熱而之冷時其向所挾之水氣遂至降落而不能保此定則也又空氣觸於較冷之物體時則其與之爲觸之部分必失其熱此熱學之法則也吾人於是二法則者既知之矣自可本以爲基以說明結露之現象何也物體之表面既較周圍之空氣特冷矣則與之爲觸之空氣亦必因之而冷則其力所能挾之水氣之量不得不減而水氣之向以蒸發氣而爲空氣所挾者將有如許焉變而爲流體夫既爲流體循重力及粘着力之法自必落下落下則於物體之表面形爲水滴焉是卽結露之現象也以是思之結露之原因不已盡明而無復遺憾也哉非亶已也一物體者較四圍之空氣特冷矣而獨不結露是其所以然之故至是而亦可大明奚以言其然也使空氣所挾之水氣其量甚少雖卽與較冷之物體爲觸以致稍失其温度而苟非其温度之低達於已甚幷少量

之水氣亦不能挾而持之則其向所保者之水分卽不至變爲流體以零落焉而附於物甚燥之夏夜常不見露甚燥之冬夜每不降霜（霜特露之結晶者耳與露實非二物）實以此故又於以人工減物體之温度而使之結露也物體雖同以空氣狀態之差其結露之温度遂不能一定亦此故也

安凱氏慧星之例

於類同二重類同差異相變諸法乃至演繹之方法既皆示其應用之例矣惟一焉尚未則穆勒氏所謂剩餘法者是也今仍假哈西黎氏所引用之例以示其法之用焉其例云何則安凱氏慧星之例是也自引力之關係之見於大陽及游星者而計算焉反覆數次則安凱氏慧星（以安凱氏首發見之故云）其歸還之時日與其位置可得而豫言由是以推是慧星者之運行其亦必循引力之關係之見於大陽及游星者而動無疑矣顧精查之其運行也乃不全與此引力之關係者相符合不全符合則必其別更有可歸之原因也可知且是原因者既以滯慧星之復來而遲其期又不可不爲物之夭閼其運行而妨之者焉思及是而

虛空之間有以太ether（流體之精者可傳光熱）焉以充塞之之臆說今乃自星學之方面新得一證據矣而是其所用以推惻者卽爲剩餘法何者安凱氏慧星之運動取其可歸因於引力者除而去之而以其更有剩餘之現象因推而知是剩餘之現象者其因爲必在引力之外而得以太者爲之說明是正其法之一例也

第九章　歸納研究法所當注意之事

方用歸納研究法以覘因果之關係也有必須注意之二事焉其一爲原因之不一定其次則結果之混合是也以是二事之故穆勒氏所列之四法者其於窮因究果也乃生其困難焉且生其缺點焉此在穆勒氏亦嘗詳論之矣

原因之不一定

原因之不一定云者何同一結果非必生自同一之原因是也同一死矣有以疾病爲之因者有以窒息者有以刄傷者且同以病疾爲之因矣而疾病之種類亦異必不得而一概以論同一稻枯矣因於蟲害者有之因於旱魃之爲虐者有之鐵屑者一撮之多置諸机上其動也同矣而或以手之觸或以風之吹

或磁石引力有以引之。其致動之因。有如是者。雖精心以察之。諸非生自同一之因者。其結果也。无慮稍異其趣。顧稻之枯也。雖以蟲害旱魃之別。而徵異其枯之狀。而其爲枯之結果也則同。執果求因之時。往往僅見其果之同。而以其異之甚微。則恆茫焉而不加察。此其事於實際固甚多也。然則一現象之與他現象相爲隨伴。若前後之者。雖不一定。自不得遂斷定其間爲無因果之關係者存。先乎甲之生而生者。時而爲乙。時或爲丙。以爲甲之因者。須先乎甲而不違也。遂謂乙丙二者。其與甲也。俱無因果之關焉。蓋不可。甲之爲物。於此生於乙。於彼或生於丙。本非一定而不變者之事。遽武斷其然。豈理也哉。

結果之混合

結果之混合云者。數多原因者之果。相結合焉。而呈一現象者是也。甲之一現象。或非乙若丙之因者。獨力之所能致。往往滙其力而合爲一。乃以呈如是之觀。如有物體。於此二力分引之。而是二力者。其所趨之方。適爲一直角。則是物體之動也。慮必以二力者爲之兩邊。而取方形之直角線而進。胡爲而其動也獨如是以二力混合之故故有以生此果也是故一原因者非必特致一果往往與他因者合以見一現象之生使其一而或缺焉則其果或遂不見又非第如是也使事之組成此一因者其爲數至多有一事焉於致果也雖與有力而以其極微小之故雖除而去之全體之結果未必遂以之夭閼而不能生使於此際謂此一事之至微小者於原因絕無所與焉不可也又數多之因其於生一果也俱大與有力但缺其一而果卽不呈使見一事之缺而果亦隨之而不見也遂謂是一事者爲此果完全之因且謂自餘之事於因爲皆無所預又不可也且一原因者其力有以致一果之生而無不足矣而或有他因者妨之則其果亦不能見有物體於此用一机械之力引之而趨於一方角是可拭目以觀物體之動矣而設有他力焉其強相等更引是物體者而與爲分背之馳則以二力相抵之故物則靜止而無所動見其不勤也謂是引之之力與物體無因果之關係不陷於大謬也邪

由以上所述之二事其於穆勒氏所謂類同差異諸法之應用生何等之困難乎姑進而以次論述之以原因之不一定也類同之法乃生缺點盖取數品例者而覘之而見夫一現象者常先一現象之生也而生且惟此一事爲通諸品例而相類同自餘皆異因推而知是二現象者之間爲有因果之關係此類同法之用也今原因而既不一定矣則雖以呷叱哂者先之而見甲乙丙之踵其後而起以呷叮哦者先之更見甲丁戊者之踵其後而起而以呷之先乎甲其於二例爲盡同也遂斷定夫甲之原因必將爲呷乃未必其果確於呷叱哂之例叱或爲甲之原因於呷叮㖂之例叮或爲甲之原因而呷之在二例之皆先乎甲也則或偶然之相值抑或如晝夜之相爲前後而實非有因果之可言未可知也此類同法所生之缺點也

欲補類同法之缺點須廣求事物之實例於大多數之例見呷之皆先乎甲而相類同也則於斷定甲之因之爲在於呷也較僅徵之二三實例者其根據爲

百五十四

遙強。蓋使如是而謂呷非甲之因。則其因不可不存諸種種之物。而於實際一結果之生。自種種之原因也。實有不易得而想像者。且欲於呷而外。別取一現象者。謂甲之原因爲在是。又非有可持之故也。如此則舍呷將安屬哉。用類同法時所須廣蒐實例以此。

使用二重類同法以觀之。則缺點之以原因之不一定而生者。將更可補。何者使品例之有甲焉存在者。於他事雖盡異。而獨其有呷以先之也。爲盡同品例之無甲焉存在者。於他事雖盡異。而獨其無呷以先之也。爲盡同。則呷之爲甲之因也。其根據地更強。必謂二者之間爲無因果之關係者。以結之。其事則頗難索解也。又使與呷爲伴而襍然駢在者之事。於甲之不生起時。亦皆出現。則呷甲之間。其有因果之關係也。乃益可明。與呷襍存者之事。既皆見而抑不見有甲者。踵之而起。則是諸事者。其必非甲之原因也可知。若然。則甲之原因。舍呷將誰歸乎。差異法者。蓋最足以證明此事焉。

差異法者取呷叱呐先乎甲乙丙者之例與叱呐之先乎乙丙者比較以觀之故叱與呐二者俱無視同甲之原因之疑蓋以叱呐者爲之先唯乙丙踵其後而起而甲獨不與焉故也相變法則以叱呐二者不變唯呷變甲亦隨之而變者證其因果之關係亦復無可疑者蓋使甲之因而爲叱或呐則叱呐既不變甲亦宜依然如故而今不然故是二法者於以原因不一定而生之缺點俱無之

以上皆卽原因之不一定觀歸納研究法之缺點且說明其補之之術者也今更卽結果混合之事觀之

先卽類同法以言之假令得二例焉一以呷叱呐者爲之先而甲乙丙踵其後而起一則以呷叮㖕者爲之先而甲丁戊踵其後而起呷與甲之間其有因果之關係可推而知矣然以結果或混合之故乃不得斷呷之現象必爲甲之完全之因於呷叱呐之例則或叱或呐於呷叮㖕之例則或叮或㖕相與合力於

呷始生此甲之結果亦未可知據類同法所得者僅可知呷之於甲必居其因之一部其完因之確屬如何僅是固尚不足以發見之也但能廣蒐種種之事例抑用二重類同法以覘之則此種困難尙可以除而其缺點非遂毫不能補者是其所以然之故與原因不一定之際正復相同茲無取贅述之也

縱使呷之現象爲甲之完全之因設呷者非單一之現象而由數事而成則於生甲之結果也是數事者其所能分之功各居何等僅用類同法亦有不得而知者設更於數事中摘其一焉而問其結果爲何如據類同法以答之惟得曰其結果含於甲中焉耳越此以往非所能及也而此之困難則雖廣蒐數多之事例抑用二重類同法以觀之亦不見其能救焉

雖用差異法以求之此種困難亦有不得而解免者假令得二例焉一以呷叱哂者爲之先而甲乙丙種其後而起一則以叱哂爲之先乙丙踵其後而起以結果有混合之故乃不得據是而謂叱之與哂於甲之爲果毫無所關叱若哂

或與呷合力以生甲果僅以叱哂先之而甲不生焉者非必以叱與哂之絕非其因而然無呷焉與之合力而叱哂乃皆不能獨致其功遂底於是亦未可知也火藥之爆發也導火之線須達一定之熱度使其不達則不能爆發見其不爆發也謂導火之線於爆發之因絕無所預豈不謬乎執此之故一現象沒時他現象者雖駢之而沒遂是一現象者爲其完全之因亦自不可所不可疑者二現象之間爲必有因果之關係耳完全之因未必卽在於是也又使組爲此一因者其爲數至多設其中有一事焉於生此果力至微少雖卽無之結果未必卽以之而不見此既言矣見其能生也遂謂此一事者於因爲無預則不可病癒之因固由數多之事情相結合焉以立而其中極微之事卽或缺其一未必遂爲病癒之阻而不能奏其功然遂謂此不備之一事者於病癒無可言之因果可乎

欲救右所述之困難最倔强而有効力者其相變法乎甲之現象疑於叱若哂

合力於呷以致之矣。然使取叱若哂而增減之。甲之爲物。毫不蒙其影響。則此疑自袪。又使呷之爲因。以數事者組成。欲知其事之一。對此結果。其効力爲居何等。則取此一事者而增減之。以觀甲之變化。亦自可推而知。但於此之際。常需人工之試驗。僅觀察天然者。尚未足耳。

剩餘法

於述原因不一定及結果混合之困難也。獨不及於剩餘法者何哉。以此與其他異。而獨具有演繹之趣。舉凡此等困難。於是法應用之際。皆不生也。然精密以言之。結果混合之困難。雖此法亦非能全免。呷叱哂者先乎甲乙丙三者之生而生。而且叱之爲乙之因。哂之爲丙之因。皆既知之矣。然以此之故。遂謂叱哂二者於乙丙之外。別不生果。則尚不可。甲之現象。未必非叱若哂合力於呷以生焉者。呷與甲之有因果之關係。雖可斷言。而唯呷爲甲之全因。則固不可得而斷言也。

由上所述者觀之。以原因之不一定。而最感困難者。爲類同法。以結果之混合而最感困難者爲差異法以此等困難之故欲知一現象之完全之因乃非易易矣夫各法者既互有其長短獨立焉恐皆難奏其功而須互相補助相補助矣雖仍有所不足而自穆勒氏之意以言則欲以歸納法而窮天地間諸現象之因果舍此數法而外固別更無其術也

第十章　穆勒氏歸納法於論理其性質爲如何

前數章所述穆勒歸納法論理之大要也今更進而少事論評之

穆勒氏以其所謂歸納研究法者與演繹之法相對矣雖然自其論理之性質言之二者果相對之物乎歸納法之根據以因果律之足以律一切之現象而立此氏所明言者也既如是矣則一現象之起也不可不假定焉以爲是必有其原因者存設其不然則氏之歸納則將大失所據夫既假定此因果律者矣然則氏所謂歸納研究法者非以因果律爲大前提者之演繹論法而何耶凡現象之起也必有其因且凡因之同者必生同果是非一命題之全稱者耶揭

是爲據因推而論究夫今所研究者之一例是與揭凡人有死云者之全稱命題爲大前提因以適用於小則提所揭者之一人而斷其爲有死又奚以別耶夫甲乙丙之現象者踵呷叱哂之後而生今取呷而去之使叱哂者仍如其故設甲之現象駢乎呷而與之俱沒而乙丙依然則於此之際呷爲甲因固可得而認識矣然胡爲而能認識其然非以甲之生也必有其因而叱哂雖在甲又不生故呷不可不爲甲之因乎而是非以因果律者適用於呷叱哂先而甲乙丙繼之之一例因以斷呷爲之因者而何耶類同相變諸法其於此事也蓋與差異之法無別若剩餘法則直具演繹之性質者此既已言之然則自論理之性質以言穆勒氏所謂歸納法者於實際與演繹論果有以異耶

歸納法者實可視同演繹法中之選言論法焉以此觀之其與演繹法之無以異亦可見矣今有甲乙丙丁之現象者於此常踵乎呷叱哂叮者之後而起設用類同差異相變諸法以論定夫呷之現象爲甲之因其論理將如左也

甲之原因不可不爲呷若叱若哂若叮

今知原因（據類同差異諸法）非叱非哂且非叮

故甲之原因不可不爲呷

以右式觀之歸納法者其於論理之性質可以選言視之也如此以貝根氏研究法之根本性質爲省除法之說察之抑亦有以見其然而自此點以觀則穆勒氏與貝根非有其相異之處也

穆勒氏之歸納法與演繹法既無以別矣然則氏所謂歸納法者獨能免於窃取論點之非難乎因果律之足以律一切之現象也何所據以知之從穆勒氏之說須據歸納法始得而知之唯氏亦且明言其然矣顧歸納法之用也既不可不假定夫天地之間有所謂因果律者存而是因果律者又須據歸納之法始得而發見然則是歸納法之根據者畢竟安在乎以不據歸納法而不可得知者之因果律爲根據以施歸納之法與於物體之必得此踏臺而始可支者

之上置其所以支者之踏臺焉奚以異是非所謂循環論證者耶顧此等論難穆勒氏皆曾自揭之且自極意以答之矣於次章試更畧述其說

第十一章　歸納法之根據

從穆勒之說吾人最初非能知有因果律者能律一切現象之生起也最初所知者其現象之生常有其現象以先之耳既而見夫於彼有現象者起常有一定之先後焉於此有現象者起亦常有一定之先後焉乃意一切之現象皆有其因果之可言因舉前之得自各箇之事例者擴而充之以立此普通之規律蓋吾人於發見因果之關係也與知其他之事物也正同亦不外由各箇之事例以推及於凡一切之物也質言之則歸納是也雖然因果律之發見也以歸納法矣顧其爲法也必與類同差異相變剩除諸研究者別以是諸法者皆須先假定有因果律者存始得而施用今反持以發見其律焉不可也不可則其法須爲枚舉之歸納法本已事之驗見現象之生無違乎此因果之關係者因

以此之故推知夫一切現象者亦必皆然此正於最初發見因果律時所能用之歸納法也唯穆勒氏亦自明言其如斯矣顧是法也其所枚舉者之例愈多其確實之度亦愈增此誠有可言者矣而僅以其多之故遂謂其所得者爲全然確實也則不可不可矣類同差異諸法之起也得非以此之故乃假以因果律者爲之基而特設爲此研究之法者乎如此則類同差異諸研究法宜視之爲演繹法而惟因果律之爲諸研究法之根據者其根據乃純在於枚舉之歸納法然則是歸納法之特以與演繹法相區別者其所據顧全在於不能全確之枚舉論法也穆勒氏將何說以爲之辭耶第四章參看

穆勒氏曰枚舉歸納決非全然不正之論法也特稍有容過誤之餘地焉耳特其確實之度爲有差等耳（茲所謂確實之度何所據以定既不能以因果律之關係而定矣唯有據事例之多少以定舍此固別無其術也至反對之例須無一存者固不待言）氏又以爲凡推論究雖歸其基於能容過誤之枚舉歸納然於枚舉歸納法中取其確實之度之較大者代其小者決非無益抑於吾人之智識

增進。却必需之事也。所謂類同差異諸法。卽枚舉歸納法之確實之度之較大者也。取各箇之例而枚舉之者。卽其確實之度之較小者也。以大代小。其谿非淺鮮。蓋類同法雖爲枚舉歸納之結果。然是結果也。乃本吾人所經驗者之全範圍而得者。較諸由枚舉各箇之例以得之者。自遙爲確實。故本是爲根據。以推知其他。亦自遙爲確實也。是說也。信有其可持之故矣。枚舉甲乙丙丁若干之例。見已之現象。常隨庚而至。因本是爲推。以論及夫戊。自不若本因果之規律。用類同差異諸法。以推測焉。而謂已之現象須隨庚而至者。較爲確實。蓋使因果之律而眞。則已之現象。自不可不隨庚而俱見。而因果之律。則既證諸數多之事例。已見其盡然。行於吾人所經驗者之全範圍。而一無所遁。而於枚舉歸納之中。爲其最確實者矣。本是以推。其較確也。自宜耳。雖然。試問基此因果之律。吾人所得者之智識。果能全然確實乎。吾恐不能。以所根據之因果律者。既置其基於枚舉歸納。而枚舉歸納之全然確實。則又不可得而斷言焉故也然則推論之爲物終不能與吾人以安全確實之智識也穆勒氏又曰有結果之得自歸納者於此其確實之度最大取吾人所立之通則與相參伍以觀其與此結果者合否有相違處否是卽歸納論理之始也抑亦其終也從氏此說以推則是并其所謂因果律者亦不得斷言其通貫於宙合之間而無不及特於吾人所實際經驗之範圍內見爲普通者耳遠至於其他之星界所有現象與吾人所居之世既或不同則因果律之能行於彼與否亦自不可得而知也且氏嘗曰凡證事件絕對者乃不能得亦無須得絕對確實雖不得而言但於實際其證據能無所缺如因果律者則已足無取更進乎是而求證據是因果律者非絕對確實之物雖氏亦明言之矣氏之說胡爲而獨如是由氏哲學上之立脚地以進其及玆乃自然之結果前乎氏者休謨亦當達此結論矣休謨及穆勒氏其哲學上所取之立脚地果如何今不復論評又穆勒氏所謂因果論（一卽一現象者先後乎他現象而不違且無無所依之論）與其所謂無所依者其正當之意義果如何今亦不

百六十六

復論評之以欲詳論此等得失其事乃涉於哲學上之大問題而是則非本書旨也今所欲論者穆勒謂絕對確實之推知雖不可得而爲而據確實之最大者以正其他是可得而爲矣而充氏之說以至於盡則幷此之得爲與否亦在可疑之例焉是也蓋使僅據事例之數以求之而於此外更無所依據則用枚舉歸納之法將幷此確實之有差等而非絕對者亦不可得而判實例之多者較諸少者爲確實是奚故以云然凡百之例庚皆先乎已而起因以推測夫庚之常先乎已也較諸本十例而推測焉者其確實之度胡爲而特大非以一事之數數生起爲足以見是一事者循有一定之規律故意其較確耶然數數生起者之事較偶然不數見之事其爲循一定之規律也自不可不決定其然使非如是則事之見於第百一次者較見於第十一次乃無推知較易之理已百囘生起者之事與第百一次生起者之事亦何所關者既無一定之規律以律之矣百次與十次云者自無所差別謂本此以推測較本彼以推測者之獨確

無是理也由是思之則豈惟絕對確實之推論爲不能得恐幷所謂較爲確實者亦不能得也且穆勒氏既以知各箇之事例爲凡一切知識之本矣充其義其能不至於此極耶要之由穆勒氏立脚地以觀其謂較爲確實云者舍如休謨氏所爲以確實之差等歸諸吾人之習慣作用將別無其術休謨氏以爲百回經驗者之事其作成吾人之習慣而使意其復當如是以起也較十回經驗者爲強吾人之以一事爲確實若不確實要皆此習慣之以聯想作用而生者之結果耳離乎此主觀之習慣以爲言客觀界之事物其生起也果有一定之規律與否不可得而斷也穆勒氏蓋亦不能脫乎此結論之外矣

本書雖不入於智識學界之問題然以以上所說明論評者觀之論理學之研究終遂不得不入於智識論也將自可明且於本章論評穆勒氏之論理說也其所提出之問題非將於本書解答之特欲以見治此學者終不能不與此等智識學上之論相爲接觸耳而欲進而從事焉則本書所論述蓋已足以爲之

準備矣

論理學畢

附錄論理學說明圖表

形式論理圖表第一

形式論理大綱

- 名辭（形式論理圖表第二）
- 命題
  - 定言命題（形式論理圖表第二）
  - 假言命題（同　第八）
  - 選言命題（同　第八）
- 推論
  - 直接推論（同　第三）
  - 間接推論
    - 定言三段論法
      - 論式（同　第四）
      - 原式（同　第四）
        - 格及式（同　第五）
      - 定則（同　第四）
      - 變態（同　第六）
    - 選言三段論法（同　第八）
    - 選言三段論法（同　第八）
    - 兩刀論法（同　第八）
    - 前提及斷案之眞妄（同　第九）
- 似而非推論（同　第十）

形式論理圖表第二

名辭

- 二方面
  - 外延（指物）
  - 內包（示物之性質）
  - 兩比增減相反而爲逆比例
- 諸種類
  - 具象名辭　抽象名辭　普通名辭　單獨名辭
  - 合體名辭　各個名辭　積極名辭　消極名辭
  - （是等區別非甚要而不可缺者）

命題（定言）

- 主語
  - 外延
    - 凡—擴充—全稱
    - 有—不擴充—特稱
  - 內包
- 客語
  - 外延　含主語—不擴充—肯定
  - 內包　排主語—擴充—否定

量　質

- 全稱肯定命題（凡）
- 特稱肯定命題（亨）
- 全稱否定命題（利）
- 特稱否定命題（貞）

形式論理圖表第三

種類	記號	主語與客語之範圍之關係	換質	換位	換質換位
命題　全稱肯定	元	二種	利	減量	能
特稱肯定	亨	四種	貞	當量	不能
全稱否定	利	一種	元	當量	能
特稱否定	貞	三種	亨	不能	能

單稱命題、皆可視如全稱命題、而含諸其中、含有此單稱命題者之全稱命題、命之曰指定命題、特稱者則反是而命之曰不指定命題、

除其共通彼此者都計爲五種、

主語不變

客語則用矛盾語

易容語爲主語

以矛盾客語爲主語

凡換位於不擴充語不可擴充之

變形法一曰直接推論

注意●變形法無限於右表所列之理由

形式論理圖表第四

（由）一命題（介於）—主語（媒語）—客語（大語）‖大前提

論式 他命題（以論及）—主語（小語）—客語（媒語）‖小前提

第三命題‖主語（小語）—客語（大語）‖斷案

大前提、小前提：用共通媒語

小前提、斷案：結合大小二語

三

定

四

○三語之相包含之關係

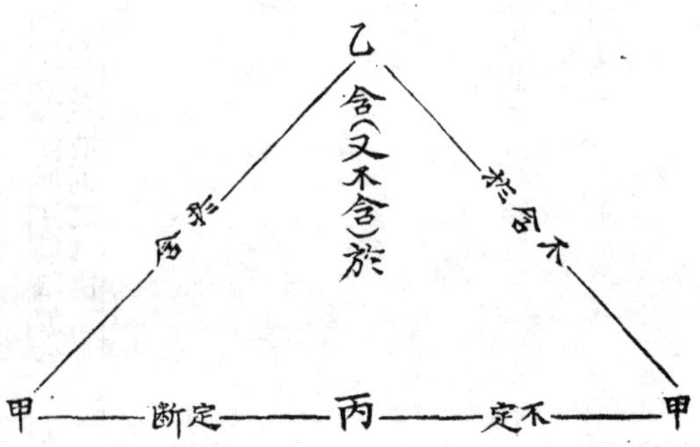

三言

原理

（含於）一物（乙）者……媒語

物（甲）更含於能含……小語

（該物者之）物（丙）……大語

（不含於物之不能含該物者）

定則

（一）三語與三命題

（二）媒語之擴充

（三）不當之擴充

（四）兩前提之否定

（五）一前否斷否

（一）（二）三語之關係

（三）（四）（五）三命題之關係

合括則

壹　二與四：能受前提須全稱；所受前提須肯定

貳　三與五斷案：質視能授；量從所受

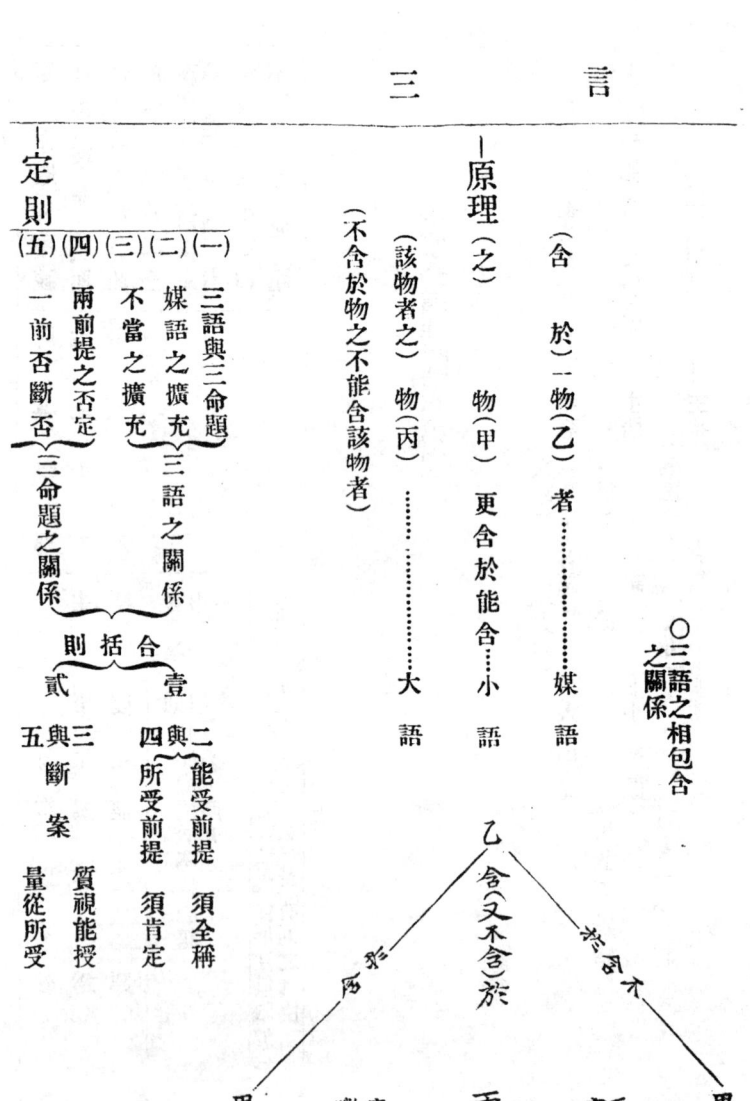

兩前肯斷肯」

附則
一 兩前提特稱、斷案不立
二 一前提特稱、斷案特稱

形式論理圖表第五

格（以媒語位置之異而生此形）	正格	變格		以變質變位若前提置換法可使爲正格
	第一格	第二格	第三格	第四
	媒—大 少—媒 小—大	大—媒 少—媒 小—大	媒—大 媒—小 小—大	大—媒 媒—小
各格之特規	大前定全稱 小前定肯定	一前定否定 大前定全稱	小前提必須爲肯定	大前提肯定則小前提全稱
二	元元元	利元利	元元亨	元元
式	利元利	元利利	亨元亨	元利
	元亨亨	利亨貞	元亨亨	亨元
	利亨貞	元貞貞	利元貞	利元
	元元亨	利元貞	貞元貞	利亨
	利元貞	元利貞	利亨貞	元利
四格之評價	最重要	以一物與他物區別時相宜	於破全稱立言時用之爲宜	便益最少之論形

（以四種命題分配於前提者皆不用之式；字下引一線）

五

格	小—大	一前提否定則大前提全稱	亨	利	亨	貞	貞	貞

六

形式論圖表第六

定言三段論法之變態
- 三段論法之省略
- 複褋三段論法
  - 第一式
    - 以一之主語爲其次之客語
    - 以最後主語爲斷案主語
  - 第二式
    - 以一之客語爲其次之主語
    - 以最初主語爲斷案主語

形式論理圖表第七　客語之附量附圖

種類	記號 有之意義及主客二語範圍之關係 僅一部	最少亦一部
全稱（有）肯定	一種	二種
特稱（有）肯定	一種	四種
全稱（凡）否定	一種	一種
特稱（凡）否定	二種	三種
全稱（凡）肯定	一種	一種
特稱（凡）肯定	一種	二種
全稱（有）否定	二種	三種
特稱（有）否定	一種	四種
右乃哈密兒噸氏之意見陶慕孫以坤爲無用不採之	十種除共通彼是者不計外都爲五種	廿種除通乎彼是者不計外都爲五種

形式論理圖表第八

七

- 假言
  - 假言命題
    - 樣式＝三式
    - 成分＝前立‖後立
    - 定則
      - 承認前立亦須承認後立
      - 拒否後立亦須拒否前立
      - 拒否前立不拒否後立
      - 承認後立不承認前立
      - （以上）以因果律爲基礎
  - 假言三段論法
    - 第一前提明前立與後立之關係
    - 第二前提揭其現實之一例
    - 論式可使易爲定言
    - 襍種者
      - 第一前提＝假言命題
      - 第二前提＝定言命題（則前立是認／則後立否認）得以第一前提所無之語主語
      - 斷案＝定言命題（須遵定則）
    - 假言者
      - 第一前提＝假言命題
      - 第二前提＝假言命題
      - 斷案＝假言命題
      - 四格
        - 一、二　斷案須是認第二前提
        - 三、四　斷案否認第二前提
- 選言
  - 選言命題（分折之可使爲假言命題）
    - 成分＝其新如其所可取捨者之事物之數
    - 定則＝選其一捨其餘

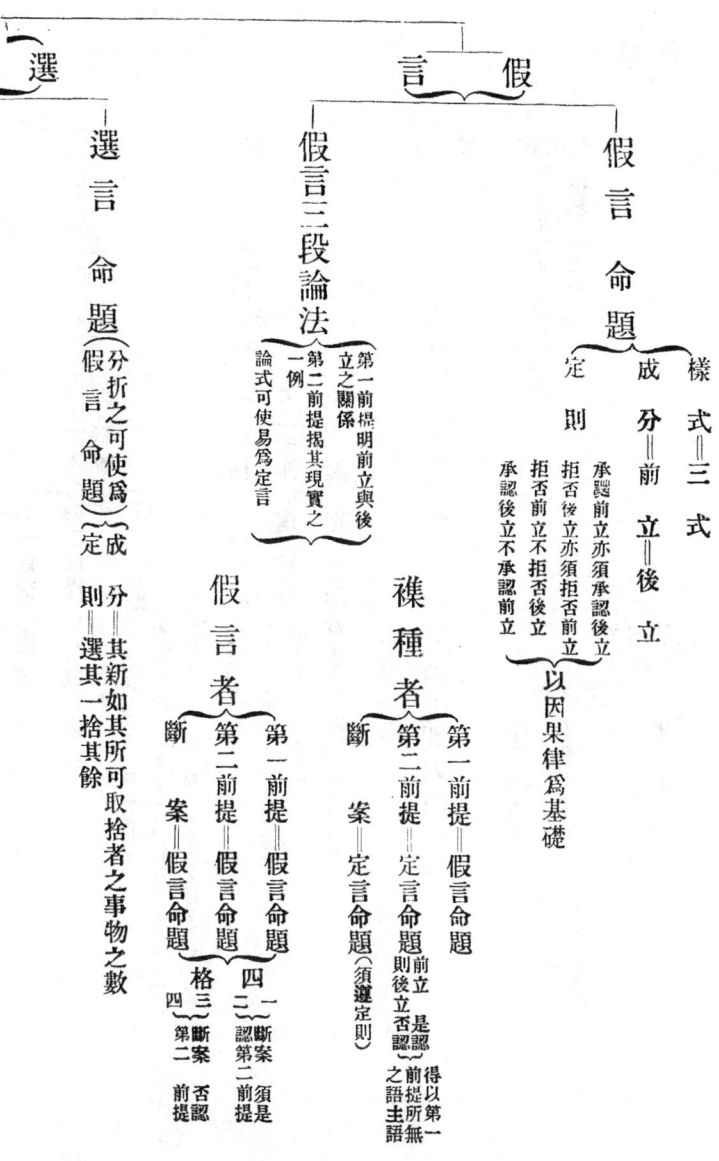

言

- 假言三段論法（得折之爲假言論法）
  - 第一前提＝選言命題
  - 第二前提＝行其取捨
  - 斷案
    - 第二前提是認其一時其餘皆否認
    - 第二前提餘二以上之事時、斷案仍須以選言斷之
    - 於斷案將是認其一第二前提須先悉否其餘
- 兩刀論法（假言選言併用）
  - 第一前提＝二若二以上之假言命題
  - 第二前提＝選言命題（取第一前提之二前立以選言之法肯定之又否定其後立）
  - 斷案＝定言命題若選言命題（從假言之定則）

八

形式論理圖表第九

前提

- 形式上
  - 斷案之正否視其由前提推論之正否

形式論理圖表第十

似而

- 形式上
  - 媒語不擴充
  - 不當擴充
    - 大語之不當擴充
    - 小語之不當擴充
  - 四語
  - 其他

及斷案之眞妄

事實上
- 前提正　推論正　斷案正
- 前提正　推論否　斷案正或否
- 前提正　推論正　斷案正或否
- 前提正　推論否　斷案正或否

非推論

事實上
- 言意不同
  - 曖昧語
  - 離合
  - 不顧事情
  - 質問
  - 言辭輕重
- 不當假定
  - 紛取論點
  - 循環論證
- 論旨相違
  - 論點變更
  - 非難
  - 訴諸感情
- 論證不足
  - 隱蔽
  - 前後卽因果
  - 比喻
  - 引證
  - 立言漸進

因明大意圖表第一

新古因明及九式論理比較表

古因明	新因明	形式論理
宗聲是無常	宗聲是無常	大前提

九

五分作法	**九句因**	十四過	例證論法（主悟他）
因　所作性故 喻　譬如瓶等 合　瓶有所作性瓶是無常 　　聲有所作性聲是無常 結　是故得知聲是無常 因　不擴充 異品	正因二 對宗前陳 對宗後陳—同品有（有非有） 　　　　　異品非有有 種類之列舉		
三支作法	**因三相**	因明之八門（支缺）	演繹論法（一面又涉於歸納亦主悟他）
因　所作性故 喻—同喻　諸所作者見彼皆無常 　　　　　猶如瓶等（合作法） 　　異喻　諸常住者見皆非所作 　　　　　如虛空等（離作法） 因　擴充（諸） 異品　扣除	對宗前陳＝遍是宗法 對宗後陳—同品定有 　　　　　異品非有 條件之規定		
十　**三段論法**	**諸定則**	似而非推論	演繹論法（示理由及斷案之關係）
小前提 斷案 媒語擴充 （間接推論）	格及式		

因明圖表第二

宗

宗體（立敵不同許）

宗依—（立敵共許）

歸納法圖表第一

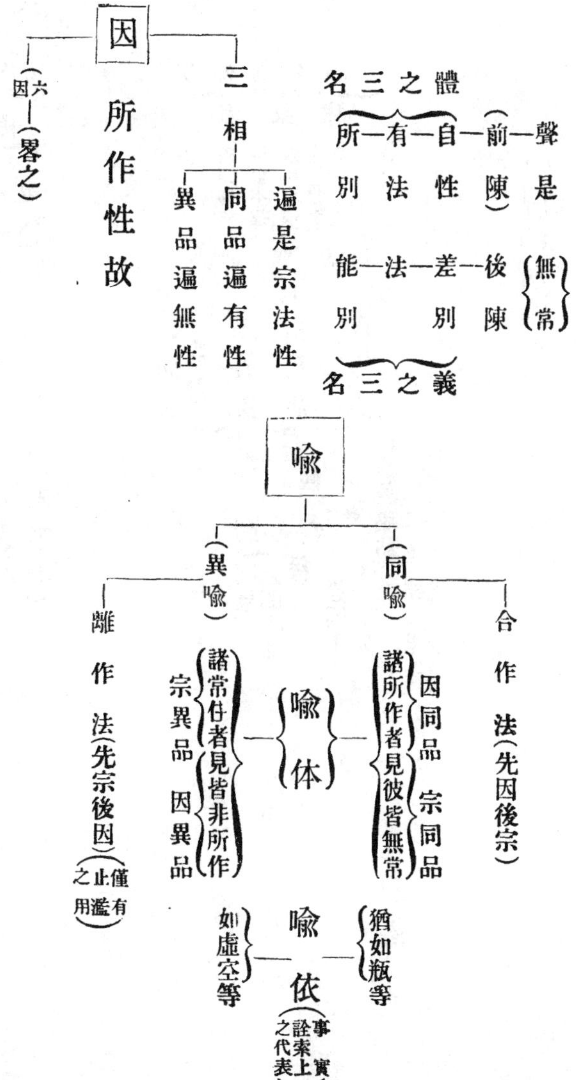
因
六因（略之）
所作性故
三相
遍是宗法性
同品遍有性
異品遍無性
體之三名
聲是
前陳
自性
有法
所別
無常
後陳
差別
法
能別
義之三名
喩
同喩
異喩
合作法（先因後宗）
因同品
宗同品
諸所作者見彼皆無常
喩体
諸常住者見皆非所作
宗異品
因異品
離作法（先宗後因）
（僅有止濫之用）
猶如瓶等
喩依（事實詮索上之代表）
如虚空等

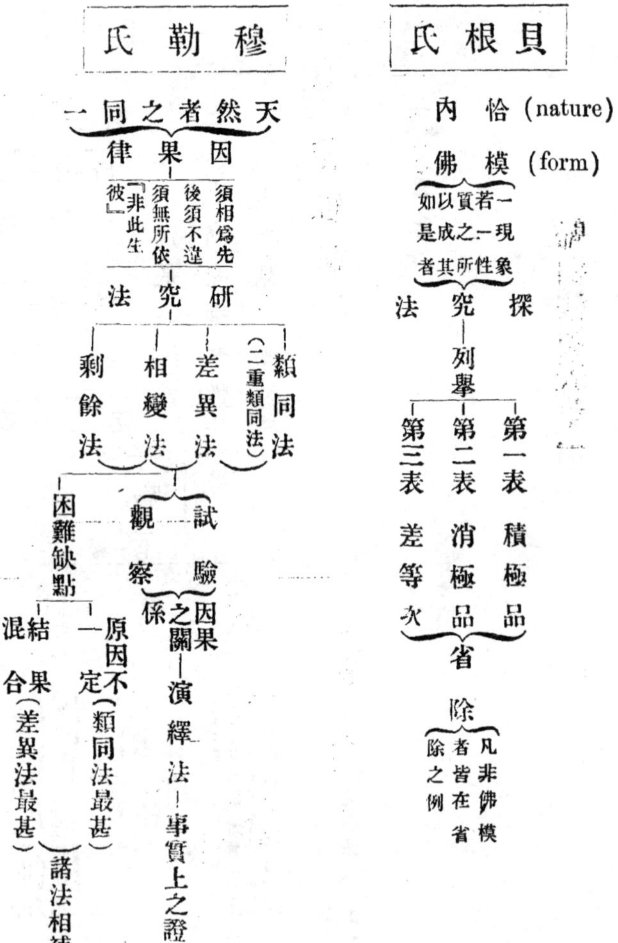
貝根氏
恰內 (nature)
模佛 (form)
一現象若一性質之所以成其如是者
探究法
列舉
第一表 積極品
第二表 消極品
第三表 差等次
省除
凡非佛模者皆在省除之例
穆勒氏
天然者之同一
因果律
須相爲先後
須不違
須無所依「非此生彼」
研究法
類同法（二重類同法）
差異法
相變法
剩餘法
試驗
觀察
因果之關係
演繹法
事實上之證明
困難缺點
原因不一定（類同法最甚）
結果混合（差異法最甚）
諸法相補濟

歸納法圖表第二

推論

- 演繹法
  - 形式論理
  - 因明
  - ——以立言之遍通者爲據以達於斷案不免於窃取論點或循環論證之非難
- 穆勒氏之歸納法——眞正推論（以既所見推未所見）——因果律
  - 研究法
    - 類同法（二重類同法）
    - 差異法
    - 相變法
    - 剩餘法
    - ——畢竟特一以因果律爲大前提者之演繹論法又可視如選言論法
  - 發見法
    - 枚舉各箇之事例以歸納之——特一枚舉歸納法（類推法耳）
  - ——穆勒氏遂不能出休謨氏之結論之外可見論理學之研究終不能不與智識論相爲接觸
- 類推法
  - 枚舉歸納法（僅以數之多不足爲証據）
  - 數學歸納法（非本各箇事以推者特一種分折法耳）

光緒三十二年十月三十日印刷
光緒三十二年十一月十日發行

（定價壹元貳角）

原著者　日本文學博士　大西祝
翻譯者　定州　胡茂如
發行所　河北譯書社
印刷者　芝區三田四國町二番地　門岡駒太郎
印刷所　芝區三區四國二番地　合資會社　三田印刷所
代售處　北京琉璃廠　浣花書局
天津北馬路　保定西街　官書局
以外各埠　諸大書店

河北譯書社印行書目

排列變換式

張葵陽著

全二冊

文明國於初等教育皆甚重游戲而供游戲之玩具一則所以練兒童之官骸耳目而靈敏之次則以養其工業美術之思想次則以利用兒童之自然活動力引而納之有用之途使不至流於放縱亂暴故歐美教育家名玩具爲恩物其重之蓋如此是書乃作者多年研究之結果取一平三角形板劃爲十一排比變換輾轉相生自泰西之羅馬字母泰東之五十假名至乃至王小航氏之官話新字皆可列成且無不曲肖者較諸日本刻下幼稚園所用尤爲變化繁多形式新巧誠初等教育用品中之最佳者矣凡從事於初等小校幼稚園及家庭教育者皆不可不急行採用以速養正之效

英文典教科書 上卷 下卷

吾國中學以上以英文爲重要學科而文法課本闕焉不講學者憾之此書爲日本中學校通用課本舉國風行明精瞭詳於教科最爲適當原著者英文專家神田乃武直隸于君振宗取而譯之譯者夙研英文博通其法今譯此書上卷附以英語變遷源流考使學者知其文字之由來下卷附以英語語彙分子考使學者知其內容之質點其譯筆之雅潔而出以淺顯尤爲便於讀者吾國中學堂取爲課本可信其適宜也全書二册刻已出版

最新代數學教科書 卷上下

定價大洋壹元貳角

是書爲日本理學士澤田吾一著日本全國中學殆皆用之爲教科善本其價値之高可知大城張君本商務宮趙君憲曾素邃於此學又以明敏之筆譯成漢文以餉我國精當明瞭務求適合於我國教科之用學代數者宜先覩爲快也

中學教科適用最近統合地理

是書爲日本理學士山上萬次郎著定州谷君鍾秀譯編山上爲最近有名之地理學家谷君之學問文章亦頗彰彰在人耳目是書原爲敎訓日本國民而設谷君譯成後又復詳加編輯以期適合於敎我國民精當美善爲近時地理敎科書中所未有且插圖二百餘幅凡險要形勝無不備具無論敎者學者皆可借資覩其實際誠最新最善且適用之教科書也

論理學

此書爲日本大西博士所著大西博士爲日本學界山斗已爲人所盡知故其書最爲當世所推重刻下早稻田大學所用教科書即係此本定州胡君茂如以矯健之筆達其精奧之理爲此學從來未有之書試取而讀之便知非本社之虛譽矣

河北譯書社謹白